A empresa familiar como *paradoxo*

Os Autores

John L. Ward é fundador e diretor do Family Business Consulting Group e professor e diretor do Centro de Empreendimentos na Kellog School of Management (EUA). Pesquisador, palestrante e consultor com grande experiência em temas como sucessão, propriedade, governança e fundações familiares, é autor de vários livros importantes sobre temas relacionados. Participa do conselho de administração de empresas nos Estados Unidos, no Canadá e na Europa.

Amy Schuman é diretora do Family Business Consulting Group e trabalha com famílias empresárias com o intuito de criar condições para o sucesso contínuo do empreendimento ao longo de várias gerações. É fundadora do Next Generation Institute Leadership, um programa intensivo de dois anos para líderes de empresas familiares no Loyola University Chicago Family Business Center.

Stacy Stutz é consultora independente com 20 anos de experiência. Já trabalhou com empresas de capital aberto e de capital fechado em indústrias tão diferentes quanto a de serviços financeiros e a de produtos eletrônicos. Oriunda de uma família de empreendedores, conhece profundamente o trabalho necessário para estabelecer a governança e as estratégias de gestão capazes de garantir a sobrevivência das empresas familiares por muitas gerações.

S392e Schuman, Amy.
     A empresa familiar como paradoxo / Amy Schuman, Stacy Stutz, John L. Ward ; tradução: Francisco Araújo da Costa ; revisão técnica: Cláudia Tondo. – Porto Alegre : Bookman, 2011.
     229 p. : il. ; 23 cm.

     ISBN 978-85-7780-893-9

     1. Administração de empresas familiares. I. Stutz, Stacy. II. Ward, John L. III. Título.

CDU 005.55:334.722.24

Catalogação na publicação: Ana Paula M. Magnus – CRB 10/2052

Amy Schuman, Stacy Stutz, John L. Ward

A empresa familiar como *paradoxo*

Tradução:
Francisco Araújo da Costa

Consultoria, supervisão e revisão técnica desta edição:
Cláudia Tondo
Doutora em Psicologia (PUCRS – HEC-Montreal)
Coordenadora do Núcleo de Empresas Familiares da ESADE – Porto Alegre

2011

Obra orignalmente publicada sob o título
Family Business as Paradox
ISBN 9780230243606

Copyright © Amy Schuman, Stacy Stutz and John Ward, 2010
Publicado em inglês por Palgrave Macmillan, divisão de Macmillan Publishers Limited.
Edição traduzida e publicada sob licença de Palgrave Macmillan.

Capa: *Paola Manica*

Leitura final: *Leonardo Zilio*

Editora Sênior: *Arysinha Jacques Affonso*

Editoração eletrônica: *Techbooks*

Reservados todos os direitos de publicação, em língua portuguesa, à
ARTMED® EDITORA S.A.
(BOOKMAN® COMPANHIA EDITORA é uma divisão da ARTMED® EDITORA S. A.)
Av. Jerônimo de Ornelas, 670 – Santana
90040-340 – Porto Alegre – RS
Fone: (51) 3027-7000 Fax: (51) 3027-7070

É proibida a duplicação ou reprodução deste volume, no todo ou em parte, sob quaisquer formas ou por quaisquer meios (eletrônico, mecânico, gravação, fotocópia, distribuição na Web e outros), sem permissão expressa da Editora.

Unidade São Paulo
Av. Embaixador Macedo Soares, 10.735 – Pavilhão 5 – Cond. Espace Center
Vila Anastácio – 05095-035 – São Paulo – SP
Fone: (11) 3665-1100 Fax: (11) 3667-1333

SAC 0800 703-3444

IMPRESSO NO BRASIL
PRINTED IN BRAZIL

Somos gratos a nossas famílias, colegas e clientes por tolerarem nossa tentação de ver todos problemas como um paradoxo.

Prefácio

A Empresa Familiar como Paradoxo, na verdade, trata sobre **ambas** famílias e empresas. Este livro honra e busca tratar do que é bom para família, assim como do que é bom para a empresa. Além disso, ele mostra como maximizar os aspectos positivos para a família e para o negócio. Pode parecer uma abordagem estranha, pois muitas empresas familiares sentem (ou ouvem) que precisam escolher entre os negócios e a família na hora de tomar decisões. Não queremos dizer que escolhas não devem ser feitas, pois fazer escolhas é parte de toda e qualquer organização. O objetivo deste livro é mostrar que muitos problemas das empresas familiares são, na verdade, paradoxos, e que, nesse caso, é melhor escolher **ambos** os lados e não um ou o outro.

Qual a importância disso hoje? As empresas familiares (aliás, todas as empresas) precisam ser cada vez mais eficientes e eficazes para competir numa economia global que não para de mudar. Meios-termos no foco fundamental acabam prejudicando o sucesso e a sobrevivência. Além disso, mais empresas familiares estão avançando gerações e acolhendo mais parentes entre os executivos e sócios. Essas múltiplas camadas de desafio e complexidade exigem sistemas de governança mais sofisticados, planos de sucessão mais complexos e abrangentes, e métodos mais criativos para financiar o crescimento.

Como conseguir tudo isso? As empresas familiares não precisam de uma nova resposta simplista, mas de um retorno a métodos mais clássicos e comprovados de solução de problemas. Para ser mais específico, as empresas familiares são, por sua própria natureza, repletas de problemas que, na verdade, são paradoxos. Aprender a identificar e gerenciar paradoxos produz um valor especial para famílias donas de negócios e para as empresas familiares em si. A gestão dos paradoxos exige paciência e criatividade, não receitas prontas. E desenvolver a habilidade de gerenciar paradoxos é crucial para as empresas familiares que não querem e não precisam escolher entre o negócio e a família.

> Um **paradoxo** consiste em dois lados que *parecem* opostos, mas que, na verdade, apoiam um ao outro.

Este livro mostra que os paradoxos são um tipo de problema especial e que eles emergem de conflitos e contradições que ocorrem naturalmente nas empresas familiares. Desenvolver a capacidade de gerenciar paradoxos exige duas habilidades de solução de problemas diferentes. Durante quase todo o século XX, as empresas se concentraram na solução de problemas de maneira *algorítmica*: definir o problema racionalmente, identificar as alternativas e selecionar a melhor. Mas quando nos deparamos com um paradoxo, algo muito comum nas empresas familiares, também é necessário aplicar a solução de problemas de maneira *heurística*, que utiliza mais experimentação e *insights* exclusivos.[1] A escolha entre abordagens algorítmicas e heurísticas de solução de problemas é em si um exemplo de paradoxo. Ambas as abordagens são válidas e têm seu valor. Este livro se concentra nos problemas dos negócios familiares que são paradoxos e nos quais raciocínios heurísticos produzem benefícios e *insights* adicionais. Para tanto, o livro oferece diversos exemplos de problemas paradoxais enfrentados pelas empresas familiares. Ele também detalha os métodos usados para identificar e gerenciar esses paradoxos, abordagens que devem levar a resultados de longo prazo mais favoráveis para a família e também para a empresa. As ideias serão apresentadas no contexto dos paradoxos clássicos enfrentados pelas empresas familiares: crescimento *versus* liquidez, liberdade individual *versus* lealdade ao grupo e tradição *versus* mudança, entre outros. O livro realiza uma análise aprofundada dessas escolhas e propõe que a resposta de longo prazo superior é **ambas**; assim, o "*versus*" deve ser substituído por "*e*".

Os negócios familiares estão muito bem posicionados para utilizar a energia inerente aos paradoxos, pois família e empresa por si próprias já formam um paradoxo. Muitas vezes, os interesses da família e da empresa parecem estar em conflito. Os membros de famílias proprietárias de empresas enfrentam esses conflitos desde o primeiro momento, então eles desenvolveram mais tolerância à ambiguidade contida nos conflitos familiares e empresariais.

É preciso ter algumas capacidades e capacitações especiais para gerenciar paradoxos, incluindo uma empatia especial para conseguir enxergar "os dois lados". A gestão de paradoxos é, afinal, tanto arte quanto ciência. Assim, o livro encerra com uma discussão sobre alguns dos componentes culturais que maximizarão a capacidade e habilidade da empresa familiar de gerenciar paradoxos com sucesso. Quando as empresas familiares abordam problemas paradoxais desafiadores com curiosidade, visão de longo prazo, excelência em solução de problemas, confiança e muita comunicação, elas chegam a soluções melhores e, em geral, também especiais e irresistíveis. A *capacidade* da família de buscar resultados de longo prazo superiores fortalecem os *laços* familiares: trabalhar em conjunto com criatividade e respeito mútuo para encontrar novos *insights* e possibilidades gera confiança e orgulho na família. E a *capacitação* da família proprietária para produzir resultados melhores fortalece a empresa, o que a leva a níveis de desempenho superiores.

Os modelos e ferramentas oferecidos neste livro são poderosos, mas nosso objetivo não é dar respostas fáceis. Na verdade, o mundo das empresas familiares está repleto de paradoxos disfarçados de problemas fáceis de resolver, promovendo a tentação de eliminá-los de modo rápido e decisivo com um pouco de gestão. Mas, por definição, problemas paradoxais não têm soluções fáceis. Os paradoxos são, por sua natureza, constituídos de duas verdades aparentemente opostas; logo, escolher uma alternativa e não a outra apenas permite que os problemas fundamentais continuem a piorar e, com o tempo, voltem à tona. Ocultar uma verdade e dar preferência à outra apenas intensifica as tensões entre grupos de indivíduos que preferem uma ou outra alternativa. Para famílias com seus próprios negócios, esse conflito maior não é aceitável. Assim, aprender a aceitar e gerenciar paradoxos com sucesso não tem preço.

Os paradoxos costumam ser frustrantes. Na verdade, às vezes as famílias não conseguem encontrar nenhum *insight* reconfortante e/ou reconciliação para esse ou aquele paradoxo. Em muitos casos, o paradoxo precisa continuar, suas tensões aceitas por todos. É parte da capacidade de viver em um mundo cheio de paradoxos, uma capacidade que, quando aliada com um bom conjunto de valores familiares, orgulho das tradições da família e uma visão de longo prazo, pode alimentar o sucesso de longo prazo e o desempenho da empresa familiar.

Não por acaso, os paradoxos tendem a surgir nos principais pontos de conflito dentro das empresas familiares. Os conflitos enfrentados por essas famílias são um resultado natural das diferenças em interesses entre três públicos que se misturam: família, gerência e proprietários. Entretanto, os conflitos nessas intersecções muitas vezes são vistos como de natureza pessoal, não estrutural ou situacional. Os conflitos naturais também surgem na transição de uma geração para a próxima.

Esses conflitos são inerentes. Mais do que isso, são previsíveis, onipresentes e persistentes, e sempre surgem em algum momento da história de uma empresa familiar. Os exemplos de problemas enfrentados por empresas familiares que iremos explorar em mais detalhes incluem:

- Que parentes podem ser empregados pela empresa familiar?
- Quem será membro do conselho?
- Quem terá ações ou quotas nos contratos sociais?

Se você é membro de uma empresa familiar, nenhum desses conflitos é novidade? Então o que fazer? Você precisa aprender a gerenciá-los. Como? Responder essa pergunta é o objetivo deste livro: ele vai guiá-lo pelos principais passos da gestão de paradoxos, começando por como identificar as contradições presentes nos conflitos e problemas das empresas familiares para compreender a natureza do paradoxo inerente; e, em seguida, como usar estruturas e ferramentas tradicionais para maximizar ambos os lados do paradoxo. Dominar esses passos ajudará a sua empresa familiar a capturar a energia do paradoxo, fortalecendo os laços familiares e guiando a empresa em direção a um futuro de sucesso.

Amy M. Schuman
Stacy H. Stutz
John L. Ward

Sumário

Introdução: Valorizando Ambos   19
    Capacidade e capacitação de gestão de paradoxos   20
    Os problemas não são todos iguais   21
    Prosperando frente à ambiguidade   25
    Capture a tensão inerente   28
    O que está por vir   30

Parte I
Reconhecendo Ambos   33
    Onde está o foco atual da sua empresa familiar: família ou empresa?   35

1 Qual Escolher: Família ou Empresa?   39
    Escolher ou não escolher   40
    Escolher ambas   41
    Intersecção entre família e negócios   44
    Paradoxo do individual e do coletivo   48
    Individual e coletivo em ação   49
    Celebrando o paradoxo na Beretta   50
    Resumo da avaliação   52

2 Tradição e Mudança em Empresas Familiares   54
    O Grupo Godrej: Um modelo de tradição e mudança   55
    Orientação temporal diferenciada   56
    Dilemas complexos de sucessão   58

Estratégia com motivação interna — 60
Valores duradouros — 62
Tradição e mudança na Beretta — 64

Parte II
Identificando Ambos — 67

3 Paradoxos Previsíveis entre Gerações — 71
Oscilação geracional — 72
Paradoxos previsíveis: Fase do Fundador — 74
Paradoxos previsíveis: Fase dos Sócios-Irmãos — 79
Paradoxos previsíveis: Fase da Colaboração entre Primos — 85
A Família Empreendedora — 90
Paradoxos geracionais: análise final — 92

4 Conflitos Previsíveis nas Intersecções — 94
De dois sistemas para três — 94
Problema-conflito-contradição-paradoxo — 96
Compreendendo as intersecções — 96
Conflitos família-gestão — 98
Conflitos gestão-propriedade — 101
Conflitos propriedade-família — 103
Estruturas de governança — 106
Intersecções: análise final — 107

Parte III
Gerenciando Ambos — 111

5 Um Contínuo para a Gestão de Paradoxos — 115
Ou/Ou – Ambos/E — 116
O contínuo de gestão de paradoxos — 116
Emprego de familiares no contínuo — 119
A arte da gestão de paradoxos — 125
Ciclo de renovação e benefícios — 132

6 Uma Ferramenta Essencial: O Mapa de Polaridade™   133

    A empresa familiar de Anna e o mapeamento da polaridade   133
    O contínuo e o mapa   147
    Outro Mapa da Polaridade™: Conselhos Familiares   147
    Passo a passo do Mapa da Polaridade™   148
    Reflexões finais   151

Parte IV
Conquistando Ambos   153

7 Viva o Poder do Paradoxo   157

    Fontes de continuidade   157
    A cultura libera o poder do paradoxo   159
    Do implícito ao explícito   167
    Uma prévia da fusão   168

Apêndices

    Apêndice A: Perspectiva Histórica sobre Paradoxos   173
    Apêndice B: Os Paradoxos na Literatura de Negócios   185
    Apêndice C: Avaliação Família em Primeiro Lugar/Empresa
       em Primeiro Lugar   202
    Apêndice D: Mais sobre Mapas da Polaridade™   210

Notas   *218*

Índice   *223*

Lista de Figuras

I.1	Problemas e paradoxos	24
I.2	As contradições da Toyota	29
1.1	Família empreendedora	43
1.2	Família e negócios: diferenças fundamentais	45
1.3	Exemplos de conflitos entre família e empresa	46
1.4	Paradoxos comuns em empresas familiares	47
1.5	Paradoxo do individual e do coletivo	49
1.6	Os paradoxos da Beretta em ação	51
2.1	Orientação temporal da alta gestão em empresas familiares em comparação com as empresas de capital aberto	57
2.2	Declarações de sucessores sobre tradição e mudança	59
2.3	Estratégia tradicional comparada com formulação da estratégia de empresas familiares	61
2.4	Comparação de valores	63
2.5	Componentes culturais da Beretta	66
3.1	Oscilação no foco de empresas familiares entre gerações	73
3.2	Paradoxos fundamentais da Fase do Fundador	78
3.3	Paradoxos fundamentais da Fase dos Sócios-Irmãos	84
3.4	Árvore genealógica da família Sample	85
3.5	Paradoxos fundamentais da Fase da Colaboração entre Primos	90
3.6	Oscilação geracional e a Família Empreendedora	91
3.7	Resumo dos paradoxos geracionais	92
4.1	Evolução do sistema das empresas familiares	95
4.2	Definição do processo problema-conflito-contradição-paradoxo	96
4.3	Intersecções nos três subsistemas	97
4.4	Conflitos família-gestão	98
4.5	Conflitos gestão-propriedade	101
4.6	Conflitos propriedade-família	104

Lista de Figuras

4.7	Estruturas de governança necessárias	106
5.1	Contínuo de gestão de paradoxos	117
5.2	Emprego de familiares	126
5.3	Política de dividendo ou distribuição	128
5.4	Reuniões familiares	130
5.5	Ciclo de renovação da gestão de paradoxos	132
6.1	Exemplo de estágio familiar: dê nome aos polos (lados)	136
6.2	Exemplo de estágio familiar: lista de vantagens	137
6.3	Exemplo de estágio familiar: lista de desvantagens	138
6.4	Estágio familiar: Mapa da Polaridade™ completo	142
6.5	Contínuo de gestão de paradoxos	146
6.6	Mapa da Polaridade™ da composição do conselho familiar	149
7.1	Paradoxos clássicos das empresas familiares	169
B-1	Paradoxos em muitas das empresas visionárias apresentadas em *Feitas Para Durar*	195
C-1	Compilação dos resultados da avaliação Empresa em Primeiro Lugar/Família em Primeiro Lugar	208
D-1	Sequência do Mapa da Polaridade™ para lidar com a resistência a mudanças.	212
D-2	Sequência do Mapa da Polaridade™ para lidar com uma situação dolorosa	213
D-3	Sequência do Mapa da Polaridade™ para reunir um grupo	215
D-4	Mapa da Polaridade™ em branco	217

Lista de Tabelas

I.1	Avaliação Família em Primeiro Lugar/Empresa em Primeiro Lugar, Parte A: Questões de Negócios para Empresas Familiares	36
I.1	Avaliação Família em Primeiro Lugar/Empresa em Primeiro Lugar, Parte B: Questões Familiares para Famílias Proprietárias de Empresas	37
2.1	Beretta: gestão de tradição e mudança	64
4.1	Dois exemplos de conflito família-gestão	99
4.2	Exemplo de problemas a serem resolvidos: emprego de familiares	100
4.3	Dois exemplos de conflito gestão-propriedade	102
4.4	Exemplo de problemas a serem resolvidos: composição do conselho	103
4.5	Dois exemplos de conflito propriedade-família	105
4.6	Exemplo de problemas a serem resolvidos: propriedade de ações	105
4.7	Veículo de governança em cada intersecção	107
4.8	Resumo das intersecções do sistema das empresas familiares	109
5.1	Definição do contínuo de gestão de paradoxos	118
5.2	Emprego de familiares: aplicação gestão de paradoxos	127
5.3	Política de dividendos/distribuição: aplicação gestão de paradoxos	129
5.4	Reunião familiar: aplicação gestão de paradoxos	131
6.1	Passo a passo do Mapa da Polaridade™	150
7.1	Comparação de amostra de atributos culturais	162
7.2	Declarações de paradoxos e sínteses	170
C.1	Avaliação Família em Primeiro Lugar/Empresa em Primeiro Lugar, Parte A: Questões de Negócios para Empresas Familiares	205

C.1 Avaliação Família em Primeiro Lugar/Empresa em Primeiro Lugar, Parte B: Questões Familiares para Famílias Proprietárias de Empresas   206
C.2 Escore da Avaliação Empresa em Primeiro Lugar/Família em Primeiro Lugar   207

Introdução:
Valorizando Ambos

Apesar dos empresários quase sempre verem os paradoxos como obstáculos para o progresso, cientistas e solucionadores de problemas criativos têm uma outra visão:

> Ainda bem que chegamos a um paradoxo. Agora, há esperança de conseguirmos algum progresso.[1]
>
> Niels Bohr

Pense no problema a seguir, muito comum em empresas familiares. Os executivos familiares querem manter o máximo de capital na empresa, para ter reservas contra a concorrência e para financiar o crescimento. Os acionistas da família que não trabalham na empresa sentem que a maior parte do seu patrimônio e segurança pessoal estão presos à empresa, então eles preferem dividendo altos. Pense nisso como o paradoxo de crescimento e liquidez, duas necessidades válidas e aparentemente contraditórias.

Talvez seja possível chegar a um meio-termo, permitindo que um número limitado de proprietários venda parte das ações de volta para a empresa. Nenhum lado fica plenamente satisfeito. A empresa perde capital, mesmo que apenas no curto prazo. Alguns membros da família precisam vender parte da herança.

As famílias que gerenciam bem os paradoxos sabem que não existe uma solução fácil para um paradoxo como crescimento *e* liquidez, apenas a gestão contínua da tensão entre as duas opções desejáveis (e aparentemente opostas). Elas sabem que escolher um lado e excluir o outro não faz o problema desaparecer para sempre. Encontrar uma maneira de alcançar ambos pode ser difícil, mas também é a melhor opção.

Famílias proprietárias de empresas conhecem muito bem esses problemas, essas contradições. Administrar uma família e uma empresa ao mesmo tempo parece um desafio constante, a ponto da expressão "empresa familiar" ser considerada um oximoro, uma contradição em termos: a família não costuma ser vista como uma empresa e a empresa não representa toda a realidade da família.

Apesar das contradições representadas pelo conceito de empresa familiar, muitas dessas organizações produzem resultados extraordinários. Vinte por cento das empresas familiares sobrevivem mais de 50 anos,[2] em comparação com os 15% dos membros da S&P 500, que sobrevivem até os 40.[3] Boa parte das pesquisas concluem que as empresas familiares duram mais do que as outras e ainda por cima produzem lucros maiores do que suas contrapartes não familiares.[4] Dadas as contradições que enfrentam e as tensões resultantes, como isso é possível?

Capacidade e capacitação de gestão de paradoxos

As empresas familiares têm sucesso por muitos motivos. Elas têm horizontes temporais maiores do que a maioria das outras empresas pois veem o negócio como crucial para a perpetuação da família em gerações futuras. Elas têm lideranças mais consistentes, pois a responsabilidade é passada de geração em geração. E elas têm uma cultura forte e apoiadora, alicerçada nas tradições e valores da família.[5] Estes e outros fatores são alguns dos motivos pelos quais as empresas familiares têm tanto sucesso, mas reconhecê-los não é o suficiente para descrever *como* elas têm sucesso.

Um dos motivos fundamentais para o sucesso de longo prazo das empresas familiares envolve a capacidade de confrontar e gerenciar contradições. As contradições contêm paradoxos, como crescimento *e* liquidez, mencionados anteriormente. As famílias trabalham esses paradoxos com o desenvolvimento da capacidade e capacitação internas de sobreviver e prosperar frente a contradições e paradoxos, quer elas percebam ou não.

- A **capacidade** de identificar paradoxos e compreender e aceitar a ambiguidade associada a eles.
- A **capacitação** para usar ambos os lados do paradoxo para gerar *insights* mais profundos e resultados de longo prazo superiores.

Como as empresas familiares desenvolvem essa capacidade e essa capacitação? Um tema emerge das nossas décadas de trabalho com empresas familiares em diversos países e culturas diferentes: desde o começo, as empresas familiares precisam enfrentar paradoxos; as de sucesso aprendem a administrá-los com eficácia.

Por que esse fenômeno é tão comum entre as empresas familiares? Porque, apesar de família e empresa precisarem uma da outra para sucesso e realização no longo prazo, ambas representam divergências inerentes em termos de ponto de vista. Quando as empresas familiares se confrontam com problemas, em geral, surgem duas perspectivas que parecem estar em conflito: a da família e a da empresa. Mas uma análise mais cuidadosa revela que os dois pontos de vista não são mutuamente exclusivos; na verdade, eles apoiam um ao outro. Dessa forma, uma empresa familiar, a família e seu negócio, é o "paradoxo definitivo". Este livro é uma análise aprofundada dos paradoxos mais comuns enfrentados pelas empresas familiares. Além disso, ele oferece uma série de abordagens que as empresas familiares podem usar para desenvolver a capacidade e a capacitação de gerenciar tais paradoxos.

Essa capacidade e capacitação de gerenciar paradoxos dependem de quatro fatores fundamentais:

- Primeiro, é preciso reconhecer que nem todos os problemas devem ser tratados da mesma maneira: alguns são problemas claros e devem ser resolvidos, outros são paradoxos a ser gerenciados.
- Segundo, é preciso reconhecer e aceitar a ambiguidade e incerteza inerente ao paradoxo e resistir à vontade de resolver a situação.
- Terceiro, é preciso aceitar, até apreciar, a tensão inerente aos dois lados aparentemente opostos do paradoxo; essa tensão contém energias úteis que podem ser utilizadas para unir a família e levar ao sucesso de longo prazo do negócio.
- Finalmente, as pessoas devem desenvolver as habilidades necessárias para gerenciar os paradoxos com sucesso.

Os problemas não são todos iguais

Nos mais diversos ambientes, mas especialmente no mundo dos negócios, as pessoas aprendem a usar técnicas e ferramentas para *resolver* problemas. Seja claro! Decisivo! Firme! Tome as decisões difíceis! A realidade é que, assim que um problema parece resolvido, um novo quase sempre aparece para levar a situação de volta ao estado original, ou pelo menos algo muito parecido. Pense na frequência com que as organizações alternam entre modelos centralizados e descentralizados ou entre terceirização e *insourcing*, para ficar com apenas dois exemplos. Em empresas familiares, com que frequência os parentes que trabalham no negócio "conversam" sobre a necessidade de mudanças *versus* a manutenção do *status quo*? Quando há um consenso sobre realizar as mudanças desejadas, com que frequência essas mudanças "pegam"? Essa é uma luta ou tensão clássica entre tradição *e* mudança, um paradoxo crucial das empresas familiares que trabalhamos em mais detalhes no Capítulo 2.

Tais mudanças na forma da organização ou aquisição de serviços ou abordagens tradicionais são respostas a problemas específicos, como melhorias de eficiência, foco no cliente ou controle de qualidade. Mas quando surge um problema novo ou correlato, como sempre acontece, o pêndulo inverte a direção. Como diz o ditado: "Se você não gosta da organização deste mês, espere pela do mês que vem".

Este livro analisa um tipo específico de problema, um tipo que as empresas familiares encontram o tempo todo: um paradoxo, ou problema no qual os envolvidos veem duas verdades contraditórias. A palavra "paradoxo" é derivada do grego "para", que significa "além", e "doxa", que significa "ideia". Assim, um paradoxo contém dois elementos que, quando considerados em conjunto, desafiam o que era visto como possível; o paradoxo vai além das ideias convencionais. Apesar das duas verdades que compõem cada paradoxo parecerem contraditórias, uma análise mais detalhada revela que as ideias não são opostas e, na verdade, apoiam uma à outra. Para os fins deste livro, a definição de paradoxo é:

> Um **paradoxo** consiste em dois lados que *parecem* opostos, mas que, na verdade, apoiam um ao outro.

Pense nos exemplos a seguir. Na vida familiar, uma contradição comum é aquela entre raízes *e* asas: os pais querem que os filhos tenham laços fortes com o lar e a família, mas também entendem a importância de encorajar a independência e a experimentação. Como ter **ambos**? Outra contradição muito conhecida, apresentada no início desta Introdução, é aquela entre crescimento e liquidez. Como abordar esse paradoxo com sucesso?

Um paradoxo tradicional no mundo dos negócios é curto prazo *e* longo prazo. Em *The Three Tensions*, Dodd e Favaro identificam esta como uma das principais tensões ou paradoxos que todas as empresas precisam resolver.[6] Peter Drucker ilustra bem esse paradoxo quando diz que um bom gerente:

> deve, por assim dizer, baixar a cabeça e trabalhar ao mesmo tempo que levanta os olhos para o céu, um feito acrobático e tanto.[7]

Essas contorções parecem quase impossíveis, mas com frequência são necessárias.

Em geral, o primeiro passo para desenvolver a capacidade de gerenciar um paradoxo é se conscientizar e compreender o funcionamento dos paradoxos. Os paradoxos são um tipo especial de problema, composto de duas verdades interdependentes. Os dois lados parecem estar em conflito porque há uma tensão entre eles, mas uma análise mais cuidadosa mostra que os dois lados do paradoxo, aparentemente conflitantes, estão apoiando um ao outro.

Como ambos os lados são necessários, escolher um e excluir o outro não é a abordagem ideal. Na verdade, escolher apenas um lado do paradoxo apenas gera mais problemas. A tensão entre os dois não pode ser eliminada: um paradoxo não pode ser "resolvido", mas pode (e deve) ser gerenciado ativamente. Na verdade, os paradoxos precisam de gestão contínua e não têm um ponto final específico.

O Dr. Barry Johnson[8] foi um dos primeiros praticantes a reconhecer essa distinção e escrever sobre o tema. Sua pesquisa sobre "problemas sem solução" foi revolucionária para indivíduos e organizações ao redor do mundo. Como diz o Dr. Johnson, depois de resolvidos, a maioria dos problemas não precisa de consideração contínua e não precisa ser "re-resolvida" regularmente. Eles consistem em duas ou mais alternativas independentes, então os problemas desses tipos podem ser resolvidos e têm finais definidos. A Figura I.1 (próxima página) diferencia os problemas solúveis dos paradoxos, que exigem uma abordagem diferenciada.

Greg Page, o CEO da Cargill, sabe que os paradoxos precisam ser administrados, não resolvidos, e entende o benefício que a empresa pode obter quando aborda os problemas dessa maneira. Page apresentou esses conceitos à equipe de gestão e à organização Cargill como um todo. A Cargill foi fundada em 1865; com receita mundial de 116,6 bilhões de dólares em 2009, a Cargill é a maior empresa familiar de capital privado do mundo. O comprometimento de Page com a compreensão e gestão diferenciada de paradoxos está descrita na passagem a seguir, retirada de um de seus artigos no *Cargill News*, direcionado aos funcionários da empresa.

Todos gostamos de certezas. É divertido identificar problemas, resolvê-los e depois passar para o próximo. Felizmente, a habilidade de solucionar problemas é um ponto forte na Cargill.

Mas o mundo nem sempre coopera. Mais de 2000 anos atrás, observadores como Platão perceberam que o mundo envolve paradoxos. Escritores como Fitzgerald expressaram a ideia com eloquência e, mais recentemente, os líderes empresariais começaram a reconhecer que os paradoxos são uma parte necessária das nossas vidas corporativas.

"O teste de uma inteligência de primeira ordem é a capacidade de manter duas idéias opostas na mente ao mesmo tempo e ainda manter a capacidade de funcionar."

F. Scott Fitzgerald

Um paradoxo envolve dois lados opostos interdependentes. Ambos os pontos de vista estão corretos, mas nenhum está completo. Na verdade, ambos são essenciais para que qualquer um possa ter sucesso.

Um exemplo simples é custo *versus* qualidade. Uma obsessão por um extremo ou outro vai resultar em clientes infelizes ou na falência do negócio. Precisamos buscar a qualidade ideal e ainda manter nossos produtos acessíveis. Essa situação fluida muda com as circunstâncias. Nunca há uma resposta "certa" definitiva.

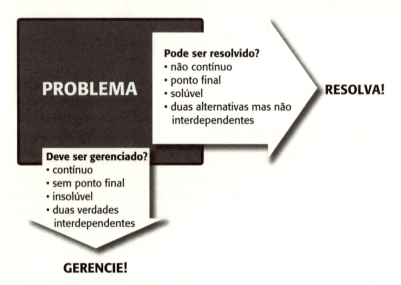

Figura I.1 Problemas e paradoxos.

Fonte: Baseado no trabalho do Dr. Barry Johnson e Polarity Management Associates.[8]

> Mais do que um devaneio filosófico, este é o modo como as empresas precisam trabalhar para terem sucesso.
>
> Comecei essa discussão sobre paradoxos quatro anos atrás na reunião de gestão global da Cargill. Eu estava recebendo muitos apelos por certeza e enxergava as pessoas desperdiçando muita energia em uma busca de um ponto final. Para a Cargill, era um desperdício, até errado, agir "com uma falsa noção de concretude", nas palavras maravilhosas do líder de uma unidade de negócios.
>
> Neste mundo cheio de paradoxos, as empresas que os gerenciam bem têm desempenhos melhores do que as que não conseguem. Mas é impossível gerenciar paradoxos antes de identificar a diferença entre um paradoxo e um problema.[9]

Como lembra Page, é importante entender a diferença entre problemas comuns e paradoxos, e diferenciar uns dos outros. Em um mundo de problemas, é preciso enxergar a diferença entre aqueles que podem e devem ser resolvidos e aqueles que devem ser abordados de um modo diferente, pois representam um tipo específico de problema: o paradoxo. Por essa lógica, nem todos os problemas que encontramos são *mesmo* paradoxos. Entretanto, os paradoxos de verdade exigem uma abordagem diferente, que não enfoque uma única escolha ou solução.

A abordagem tradicional à solução de problemas, tomada de decisões e escolha de soluções, por si só, não funciona no caso dos paradoxos. Como sugeriu o psiquiatra e escritor Erich Fromm, "a busca por certeza impede a busca por significado. A incerteza é a condição fundamental que leva o homem a desenvolver seus poderes".[10] Reconhecer os paradoxos como tal revela a energia que eles contêm dentro de si. Aproveitar essa energia fortalece os laços da família e eleva o desempenho da empresa.

Prosperando frente à ambiguidade

A capacidade de gerenciar paradoxos exige que você aprecie e aceite a ambiguidade contida nos paradoxos. É preciso resistir à pressa de resolver os paradoxos, o que pode ser muito difícil para os membros da empresa familiar. O mundo dos negócios quase nunca recebe de braços abertos os problemas ambíguos ou aqueles abertos a mais de uma interpretação. A maioria dos negócios de sucesso passa anos desenvolvendo abordagens ultrafocadas que levam à solução de problemas de modo rápido e eficiente. Seus processos buscam identificar a fonte do problema, gerar recomendações e então identificar e implementar a decisão ideal, muitas vezes envolvendo uma "decisão difícil".

Com a ambiguidade vem a incerteza e, com esta, quase sempre a necessidade de pressupostos. Os pressupostos são um esforço para eliminar a incerteza que acompanha o paradoxo, mas têm alta probabilidade de causar problemas adicionais. O foco em eliminar a incerteza é especialmente forte no começo da vida e da carreira, pois a maioria das ideias e opiniões se baseia em fórmulas e processos racionais de solução de problemas que foram ensinados em sala de aula e livros. No caso de um problema pouco claro, a abordagem mais comum é listar os prós e contras, contar o número de cada coluna e escolher a opção com o maior número de prós ou o menor de contras. É um exemplo da abordagem algorítmica à solução de problemas.

Ah, se os problemas paradoxais fossem assim tão simples. Pense o que acontece com os contras quando você escolhe a opção com o maior número de prós, ou com os prós do outro lado, especialmente no caso dos paradoxos. Abandonar um lado de um paradoxo e preferir uma "solução" acaba levando a outro problema no futuro. Por que isso acontece?

Porque esperamos que líderes de negócios fortes façam escolhas que pareçam esclarecer a situação (ou seja, eliminem as ambiguidades), um critério importante usado pelas organizações para recompensar a liderança. Na realidade, quando você está lidando com um paradoxo, fazer uma escolha provavelmente dará início a uma nova fase do ciclo de vida do problema. Ao "esclarecer a situação" com a escolha de um lado do paradoxo, sem querer, o decisor acaba fortalecendo o outro lado. Na verdade, o lado não escolhido do paradoxo continuará a ganhar força até surgir como um novo problema, ou então como uma nova fase do problema antigo. Isso acontece porque os profissionais são ensinados a "esclarecer as coisas" em vez de aprenderem a conviver com a ambiguidade e a aproveitar o seu potencial.

Scenarios: uncharted waters ahead ("Cenários: águas inexploradas em frente"), um artigo em duas partes da *Harvard Business Review*, destaca a sofisticada técnica de previsão de cenários da Royal Dutch Shell, considerada fundamental para o sucesso da empresa. O artigo indica que o método algorítmico não é a única fonte desse sucesso:

> O modo de resolver esse problema não era (...) [aperfeiçoar] técnicas (...) Muitas forças trabalham contra a previsão certa. O futuro não é mais estável, ele virou um alvo móvel. É impossível deduzir uma única [resposta] certa a partir de comportamentos anteriores (...) a melhor abordagem (...) é aceitar a incerteza, tentar entendê-la e torná-la parte do nosso raciocínio. Hoje, a incerteza não é apenas um desvio tempo-

rário e ocasional de uma previsibilidade razoável, mas uma característica "estrutural" básica do ambiente de negócios (...) [O segredo é] estruturar a incerteza [e] mudar os pressupostos dos decisores sobre como o mundo funciona e convencê-los a [reorientar] seu modelo mental da realidade (...) [Essa] disposição de enfrentar a incerteza e compreender as forças por trás dela exige uma transformação quase revolucionária nas grandes organizações.[11]

A empresa teve sucesso com uma combinação da abordagem e dos métodos dos executivos – eles integram o trabalho algorítmico (o método) com o heurístico (a abordagem). É um exemplo da ideia apresentada anteriormente, de que quando se trata de paradoxos, é necessário usar o método algorítmico *e* a abordagem heurística.

A Shell entendia muito bem a necessidade absoluta de viver com a ambiguidade que é parte de tantas situações, assim como de identificá-la e aceitá-la como parte da situação. No contexto do paradoxo, precisamos resistir à tentação de encontrar "soluções" e fazer com que a ambiguidade e tensão presentes trabalhem a favor da organização ou da família. Como foi recém-sugerido, tudo isso é contrário ao modo como a maioria dos profissionais é treinada na faculdade ou no trabalho. Espera-se que os executivos "respondam a pergunta" ou "realizem a tarefa" ou "façam uma escolha ou decisão clara", não que encontrem uma maneira de viver com mais perguntas do que respostas.

Vale a pena enfatizar que nem todos os problemas devem ser resolvidos, pelo menos não no sentido tradicional da palavra. No caso do paradoxo, a ideia de descobrir todos os fatos a fim de reduzir ou eliminar a incerteza e começar a resolver o problema não é realista. Em vez disso, é importante reconhecer a ambiguidade ou incerteza que sinalizam a presença de um paradoxo. Nesse caso, em vez de buscar uma resposta para recriar uma ideia de conforto, é melhor acolher a ambiguidade de braços abertos. Mas como?

Voltemos ao artigo da *Cargill News*, a uma passagem na qual Page reconhece o que acontece em casos de ambiguidade e aconselha o leitor sobre como enfrentá-la:

> Sem dúvida nenhuma, os paradoxos podem ser frustrantes, mas os ignoramos por nossa conta e risco. Precisamos enfrentá-los, gerenciando-os com energia para capturar seus aspectos positivos e aprender a trabalhar em meio à ambiguidade que produzem.
>
> A maneira de lidar com a ambiguidade não é exigir clareza, mas sim usar comunicação ativa: confiando uns nos outros para falar abertamente e ouvir com responsabilidade, tentando determinar se uma questão representa um problema ou um paradoxo.[12]

A incerteza é a única certeza quando lidamos com paradoxos. Não deixe-a de lado. Aceite a ambiguidade e busque as tensões inerentes aos paradoxos.

Capture a tensão inerente

As empresas familiares com uma forte habilidade de administrar paradoxos são muito adeptas a aceitar, até a apreciar, a tensão contida nos dois lados aparentemente opostos do paradoxo. Elas entendem que essa tensão contém energias úteis que podem ser utilizadas para unir a família e impulsionar o negócio.

Não há dois elementos com uma relação mais próxima que dois lados opostos: quente e frio, amor e ódio, guerra e paz. O estudo da contradição através dos séculos perpassa muitas áreas do pensamento, incluindo filosofia, ciência e matemática. Para mais informações e *insights* sobre paradoxos históricos, consulte o Apêndice A, "Perspectiva Histórica sobre Paradoxos".

Georg Wilhelm Friedrich Hegel, filósofo alemão do século XIX, defendeu uma abordagem à filosofia e à história muito controversa na época, uma perspectiva ainda muito relevante nos dias de hoje. Para Hegel:

> A mudança era regra. Toda ideia, toda força, sempre dava fruto a seu oposto, e as duas se fundiam em uma "unidade" que por sua vez produzia a própria contradição. E a história não era nada mais que a expressão desse fluxo de ideias e forças conflitantes e resolventes.[13]

Independente de concordarmos ou não com a visão hegeliana da história enquanto processo naturalmente dialético, esse *insight* central é bastante útil para a gestão de paradoxos. A contradição é inerente aos paradoxos, o que nos leva a questionar se duas forças aparentemente opostas, quando trabalhadas em conjunto, podem ser integradas, sintetizadas e, em alguns casos, até fundidas no longo prazo. Antes de responder essa pergunta, é importante entender as consequências: no longo prazo, as contradições serão integradas ou, em alguns casos, fundidas. Por trás dessa noção está a ideia de que em um horizonte temporal infinito, ou pelo menos muito longo (como costuma ocorrer nas empresas familiares), as contradições desaparecem na fusão dos seus lados opostos.

No curto prazo, entretanto, pontos de tensão reais são vivenciados como forças contraditórias que transformam o paradoxo em um cabo-de-guerra. Como foi mencionado acima, o segredo é reconhecer essa tensão e transformá-la em uma vantagem, sem nunca esquecer que, com o passar do tempo, essa tensão, ou essas forças opostas, tem o potencial de resolver a si mesma e até de os lados passarem a se apoiar. Esse é o potencial das contradições dentro de cada paradoxo.

Um artigo recente na *Harvard Business Review* apresentou um exemplo muito convincente de como a gestão ativa das contradições pode levar a resultados superiores. O artigo, *Contradições que movem o sucesso da Toyota*, descreve uma cultura corporativa que é ao mesmo tempo "estável e paranoica, sistemática e experimental, formal e franca" e conclui que o sucesso histórico da Toyota se deve em grande parte à "sua habilidade de acolher contradições como essas".[14] Em outras palavras, a Toyota usa as tensões criadas por ideias opostas, ou contradições, para gerar maneiras novas e inovadoras de lidar com as questões do momento.[15] A Figura I.2 destaca várias das contradições observadas, na forma de paradoxos, que movem o sucesso da empresa.

O artigo confirma que "a Toyota promove pontos de vista contraditórios de modo consciente (...) e desafia os funcionários a encontrarem soluções, transcendendo as diferenças em vez de aceitar meios-termos". Essa abordagem tem diferenças drásticas em relação ao modo como a maioria das empresas é administrada. Além disso, essa transcendência das diferenças é o segredo para a fusão de paradoxos ou mistura de lados aparentemente opostos. O artigo ainda vai além e sugere que "as empresas só têm uma opção: adotar as contradições como modo de vida" e "desenvolver rotinas para resolver as contradições". Essas conclusões valem em todos os negócios, mas são especialmente verdadeiras

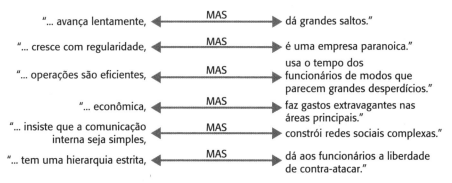

Figura I.2 As contradições da Toyota.

em empresas familiares, pois estas vivem o paradoxo fundamental de família *e* empresa todos os dias desde o primeiro instante.

O que está por vir

O objetivo fundamental deste livro é permitir que os líderes de empresas familiares e seus apoiadores desenvolvam a capacidade e a capacitação necessárias para apreciarem e gerenciarem paradoxos. Isso significa:

- estar ciente de que os paradoxos são um tipo diferente de problema.
- ser capaz de tolerar e até acolher a ambiguidade e a incerteza associadas às contradições inerentes aos paradoxos.
- desenvolver as capacitações para gerenciar paradoxos.

Tudo isso está refletido na estrutura e nos objetivos mais específicos do livro, detalhados a seguir.

- Ajudar os leitores a compreenderem que o interesse por paradoxos não é novidade. Os paradoxos foram estudados durante quase toda a história e são tema de análises aprofundadas em contextos de negócios modernos. Eles são reconhecidos como fatores cruciais para o sucesso, especialmente em épocas de grandes mudanças. (Apêndices A e B)
- Reconhecer que a empresa familiar é um paradoxo em si e que as organizações desse tipo estão cheias de paradoxos que devem ser gerenciados ativamente, e não resolvidos. (Capítulo 1)
- Realizar uma análise aprofundada de um paradoxo que representa desafios (e oportunidades) específicos para as empresas familiares: o paradoxo tradição *e* mudança está presente em todas as organizações, mas tem um significado especial nas empresas familiares. (Capítulo 2)
- Identificar os desafios especiais enfrentados pelas empresas familiares na forma de paradoxos, listando um conjunto de paradoxos e conflitos clássicos que são previsíveis, onipresentes e persistentes. Esses desafios emergem:
  – Da evolução geracional da empresa (Capítulo 3)
  – Da interação entre os três principais subsistemas das empresas familiares: família, gestão e propriedade. (Capítulo 4)
- Introduzir métodos e ferramentas para gerenciar o contínuo de opções paradoxais, do extremo Ou/Ou a **Ambos**/*E* nesse espectro. (Capítulos 5 e 6)

- Explorar alguns dos componentes das culturas familiares e empresariais mais apropriados para a gestão de paradoxos. (Capítulo 7)
- Argumentar que, com prática e curiosidade, as empresas familiares podem utilizar as tensões e conflitos das contradições paradoxais para fortalecer os laços familiares e impulsionar o sucesso da empresa. (Todo o livro)

O livro se divide em quatro partes. A Parte I detalha *por que* as empresas familiares estão em uma posição exclusiva que lhes permite abordar os paradoxos e obter seus benefícios. A Parte II identifica *quais* paradoxos provavelmente serão enfrentados em transições geracionais e na evolução do sistema família-gerente-proprietário. A Parte III mostra *como* gerenciar paradoxos com estruturas e ferramentas especiais. A Parte IV, a Conclusão, considera *quando* a cultura de uma empresa e de uma família mais apoia o sucesso na gestão de paradoxos.

Parte I

Reconhecendo Ambos

A Tabela I.1, nas páginas 36 e 37, apresenta um inventário de autoavaliação. Para colocar sua abordagem operacional atual em perspectiva, é melhor aproveitar este momento para responder o questionário.

Quando estamos trabalhando com um novo conceito, muitas vezes, a maneira mais fácil de concretizá-lo e garantir seu entendimento é aplicá-lo.

> Precisamos de uma nova maneira de pensar sobre nossos problemas e nosso futuro. Minha sugestão é a gestão de paradoxos, lembrando que só é possível "gerenciar" os paradoxos no sentido de lidar com eles. Gerenciar sempre significou "lidar com", até que a palavra foi distorcida para significar "planejamento e controle".
>
> Hoje vejo o paradoxo como inevitável, endêmico e perpétuo. Quanto mais turbulentos os tempos, mais complexo o mundo e maior o número de paradoxos. Podemos, e devemos, reduzir a força de algumas das contradições, minimizar as inconsistências, compreender os quebra-cabeças nos paradoxos, mas não podemos fazê-los desaparecer, nem resolvê-los completamente ou fugir deles. Os paradoxos são como o clima, algo com o qual temos que conviver, não resolver; podemos mitigar seus piores aspectos, aproveitar os melhores e utilizá-los como sinais sobre o que está por vir. O paradoxo precisa ser aceito, trabalhado e interpretado, na vida, no trabalho, na comunidade e entre as nações.
>
> Charles Handy, *A Era do Paradoxo* (1994)[1]

Onde está o foco atual da sua empresa familiar: família ou empresa?

Antes de começar, lembre-se de que nenhuma das perguntas tem uma resposta "certa". Ao considerar cada pergunta e suas respectivas opções, marque a posição no contínuo (de 1 a 5) na qual você acha que sua empresa familiar opera *hoje*. É importante responder todas as perguntas. Assim, se uma pergunta o deixar confuso ou indiferente, marque o número 3. Depois de responder todas as 28 perguntas, anote o escore total na parte de baixo de cada página.

A avaliação será revisitada no final do Capítulo 1. Observe que os resultados do inventário podem ser utilizados para ajudar famílias a avançarem além da visão dos problemas e conflitos como sendo pessoais e começar a criar sistemas e estruturas para reconciliar ou integrar pontos de vista divergentes, como no caso dos problemas paradoxais.

O Apêndice C fornece instruções sobre como completar e determinar o escore da avaliação, além de discutir a interpretação dos escores e destacar tendências em empresas familiares, culturas e gerações. O apêndice inclui observações baseadas nas milhares de vezes que a pesquisa foi realizada com alunos e clientes ao redor do mundo.

Tabela I.1 Avaliação Família em Primeiro Lugar/Empresa em Primeiro Lugar, Parte A: Questões de Negócios para Empresas Familiares

1	Você é generoso com os acionistas em termos de oferecer liquidez e dividendos?	1	2	3	4	5	Ou você prefere manter o capital dentro da empresa?
2	Se um acionista quer fazer um resgate, a fórmula de avaliação das ações oferece um preço alto?	1	2	3	4	5	Ou você tenta manter o preço das ações baixo?
3	A empresa enfoca a rentabilidade de curto prazo?	1	2	3	4	5	Ou mais o crescimento de longo prazo?
4	Você prefere ter alguns negócios diversificados?	1	2	3	4	5	Ou um focado?
5	A empresa trabalha principalmente no mercado interno?	1	2	3	4	5	Ou é mais global?
6	A empresa prefere privacidade?	1	2	3	4	5	Ou vê relações públicas de alta visibilidade como importantes?
7	Você prefere a velocidade de tomada de decisões de uma empresa de capital privado?	1	2	3	4	5	Ou a disciplina e responsabilidade do capital aberto?
8	Você trabalha com parentes que são fornecedores, vendedores ou conselheiros?	1	2	3	4	5	Ou prefere uma política estrita com relação a conflitos de interesse?
9	A empresa valoriza a lealdade acima de tudo?	1	2	3	4	5	Ou dá preferência a mérito e conquistas?
10	Você oferece a mesma sensação de segurança na carreira para executivos não familiares?	1	2	3	4	5	Ou os recompensa com opções de ações?
11	As decisões se baseiam muito nos valores familiares?	1	2	3	4	5	Ou mais na maximização do preço das ações?
12	Você respeita mais a tradição?	1	2	3	4	5	Ou é um promotor de mudanças?
13	A preservação do patrimônio é uma prioridade dos proprietários?	1	2	3	4	5	Ou o foco está mais no empreendedorismo?
14	Você procura diretores independentes com uma natureza apoiadora?	1	2	3	4	5	Ou aqueles que oferecem críticas mais objetivas das decisões e políticas?
	Escore total:						

Fonte: Family First/Business First Assessment, John L. Ward, Family Business Consulting Group, 1999.

Tabela I.1 Avaliação Família em Primeiro Lugar/Empresa em Primeiro Lugar, Parte B: Questões Familiares para Famílias Proprietárias de Empresas

1	Você recebe o emprego de familiares de braços abertos, independente de experiência de trabalho ou qualificação educacional?	1 2 3 4 5	Ou tem requisitos bastante seletivos antes de oferecer empregos a familiares?
2	As diferenças de opinião são aceitas entre os familiares, de modo que todos podem expressar visões diferentes para a gerência?	1 2 3 4 5	Ou a família tenta ter uma só voz nas comunicações com os executivos da empresa?
3	A propriedade é passada de geração em geração dentro do mesmo ramo familiar?	1 2 3 4 5	Ou há esforços para garantir que os familiares das gerações futuras terão propriedade mais igualitária (per capita), independente do tamanho de cada ramo?
4	A tomada decisão respeita os mais velhos?	1 2 3 4 5	Ou uma liderança mais energética de "assumir as rédeas"?
5	Os proprietários não empregados estão envolvidos na tomada de decisões de negócios?	1 2 3 4 5	Ou ficam distantes?
6	Os familiares sentem que a empresa é parte da sua identidade?	1 2 3 4 5	Ou sentem autonomia em relação a ela?
7	A família demonstra qualidade de vida de alto nível?	1 2 3 4 5	Ou se esforça para disfarçar sua riqueza?
8	As políticas e regras para os familiares são flexíveis?	1 2 3 4 5	Ou bastante formais e precisas?
9	A compensação dos familiares é privada?	1 2 3 4 5	Ou está aberta para os familiares e executivos?
10	Alguns temas e questões são tabus entre os familiares?	1 2 3 4 5	Ou a comunicação é aberta?
11	A participação dos familiares em eventos da empresa é voluntária?	1 2 3 4 5	Ou esperada ou exigida?
12	Os parentes mais distantes passam bastante tempo uns com os outros fora do contexto de trabalho?	1 2 3 4 5	Ou as pessoas passam a maior parte do tempo pessoal com seus parentes mais próximos?
13	Os familiares veem a empresa como gerando oportunidades de liberdade pessoal?	1 2 3 4 5	Ou ela gera uma sensação maior de responsabilidade pessoal?
14	Os familiares usam os recursos da empresa para fins pessoais?	1 2 3 4 5	Ou a utilização de contas de despesas, funcionários ou veículos para uso pessoal é proibida?
	Escore total:		

Fonte: Family First/Business First Assessment, John L. Ward, Family Business Consulting Group, 1999.

1

Qual Escolher: Família ou Empresa?

Uma pergunta é muito comum no mundo das empresas familiares: família em primeiro lugar ou empresa em primeiro lugar?

> Esse paradoxo tem uma outra interpretação que considero intrigante: além de coexistir, os lados opostos podem até fortalecer um ao outro.[1]
>
> Richard Farson, *Management of the Absurd*

Como responder essa pergunta? Os membros da empresa familiar não querem decidir, pois conhecem os prováveis efeitos negativos para a empresa e/ou família se escolherem uma e não a outra. Do mesmo modo, os consultores de empresas familiares que observaram essas organizações em diversas fases de desenvolvimento ao redor do mundo sabem que a pergunta é capciosa: a melhor resposta é escolher **ambas**, família em primeiro lugar *e* empresa em primeiro lugar.

No fundo, a ciência (e arte) de administrar uma empresa familiar de sucesso é gerenciar ou lidar com (como sugere Charles Handy na citação que abre esta Parte do livro) os paradoxos inerentes, ou as verdades contraditórias percebidas, que tornam esse tipo de empresa tão especial. Mas o que isso significa de verdade?

Boa parte da resposta está no sucesso em misturar família e empresa. Esse é o desafio fundamental, mas o melhor é vê-lo como uma oportunidade. O sistema familiar tem um conjunto de normas, crenças e valores. Os sistemas empresariais quase sempre têm um conjunto muito diferente de normas, crenças e valores. O resultado é que os dois sistemas têm comportamentos muito diferentes e podem levar a uma série de desafios. Assim, quando surgem conflitos entre família e empresa, os membros quase sempre se sentem forçados a escolher uma ou outra. Mais do que isso, muitos especialistas em empresas familiares aconselham os clientes a escolherem; alguns chegam a defender que a empresa é a *única* opção. Afinal, dizem eles, se a empresa sai prejudicada, o que sobra? O pensamento empresarial algorítmico do momento quase sempre apoia essa visão, oferecendo processos, ferramentas e técnicas que enfocam a solução de problemas, em geral com a escolha de uma alternativa específica. Outros consultores defendem que a única opção é a família: de que adianta ter uma empresa se ela divide a família?

Escolher ou não escolher

A grande maioria dos profissionais são treinados para escolher uma alternativa. Para tanto, eles analisam os aspectos positivos e negativos de cada opção e também os resultados mais prováveis. Por ora, vamos presumir que essa abordagem pode ser aplicada à questão em pauta: família *ou* empresa?

Escolher a empresa

Primeiro, pense no conselho dos especialistas que recomendam que, frente a esse dilema, os clientes escolham a empresa. Intuitivamente, faz um certo sentido, pois sem uma empresa de sucesso, talvez não haja nada para apoiar a família e suas necessidades. O foco "deveria estar" no resultado financeiro, pois este é o único critério objetivo que garante um processo justo para todas as partes interessadas. Entretanto, é comum nesses casos (ou seja, foco extremo em colocar a empresa em primeiro lugar) a empresa acabar sendo vendida, provavelmente na segunda ou terceira geração.

O que causa essa situação? Primeiro, lembre-se de que em gerações anteriores, em geral apenas alguns poucos membros da família tinham a competência suficiente ou o interesse para desempenhar as funções de gestão e governança na empresa. Talvez o controle da propriedade ficasse concentrado nas mãos dos membros da família que ocupassem cargos na gestão do negócio. Assim, o capital tinha maior probabilidade de se manter dentro da empresa, garantindo sua segurança e crescimento. Em uma situação típica, os parentes que não se envolviam com a empresa começavam a se sentir alienados, ou sem a confiança dos executivos familiares, ou até ingênuos por colocarem todo seu patrimônio em risco. O resultado é que as empresas acabavam sendo vendidas na segunda ou terceira geração, ou então os acionistas descontentes vendiam sua parte, quase sempre a um preço que consideravam injusto. Na pior das hipóteses, alguém abria um processo judicial. O resultado natural é uma família dividida e uma empresa muito distraída ou enfraquecida pela necessidade de financiar sua venda ou o resgate das ações dos familiares que abandonam a organização. Na melhor hipótese, a empresa passa a beneficiar apenas parte da família.

Essa alternativa oferece o que a maioria das empresas familiares quer? Improvável.

Escolher a família

O que acontece quando alguém escolhe o outro lado da moeda família-empresa e prioriza as necessidades da primeira em relação à segunda? Pense em uma empresa familiar cujo *core business* é manufatura. Imagine que a fábrica precisa atualizar a tecnologia de produção ao mesmo tempo que vários filhos do fundador (que trabalham na empresa) têm seus próprios filhos e precisam ou querem salários maiores para sustentar as respectivas famílias. A empresa não tem flexibilidade financeira suficiente para fazer os dois investimentos.

Ao colocar as necessidades familiares acima das da empresa, aprovando aumentos de salários ou dividendos maiores, a empresa não atualiza os equipamentos que melhorariam o futuro de longo prazo da empresa. Em vez disso, o dinheiro vai para a segurança e bem-estar da família. Além disso, é muito provável que, em algum momento, familiares mal preparados ou desqualificados vão querer cargos na alta gerência. A família, com um precedente estabelecido de estar em primeiro lugar, pode ser incapaz de dizer "não". O resultado é que familiares mais qualificados podem acabar procurando carreiras fora da empresa, enquanto a maioria dos melhores executivos não familiares vai atrás de oportunidades melhores ou gestões mais "justas".

No longo prazo, colocar a família antes da empresa sistematicamente costuma levar a problemas de desempenho no negócio e, em última análise, à desintegração da família. A empresa distraída e enfraquecida tem grandes chances de ser vendida em algum momento, quase sempre a preço de banana. O resultado final é o mesmo de quando a empresa é priorizada consistentemente em relação à família. Ambas as abordagens são furadas.

Escolher ambas

Mas também há uma terceira opção, baseada na necessidade e inclusão mútua: escolher **ambas**. Basta inserir a palavra *"e"* no termo "empresa familiar: empresa *e* família. É o que chamamos de uma abordagem **Ambos**/E. Como uma abordagem **Ambos**/E funcionaria em uma empresa familiar específica? Pense na situação a seguir.

Uma família de banqueiros estava desenvolvendo a estratégia corporativa e precisava decidir o número apropriado de agências. Pensando nas necessidades da comunidade, a economia da empresa e o fato de cinco irmãos estarem ativamente envolvidos no negócio, a família escolheu um total de cinco agências. Essa abordagem à formulação de estratégias é muito diferente do planejamento estratégico que costuma ser ensinado em escolas de administração.

Uma abordagem de planejamento estratégico típica dos programas de MBA começaria por uma avaliação das capacidades internas da organização, depois avançaria para um entendimento das forças ambientais externas, uma análise do setor e dos mercados, e assim por diante. Entretanto, a estratégia da família funcionou muito bem: as cinco agências do banco prosperaram e os relacionamentos familiares continuaram harmoniosos.

A abordagem da família foi errada? Não. Muito pelo contrário, ela pode ser vista como uma resposta altamente criativa, oferecendo a cada irmão algum nível de autonomia ao mesmo tempo que atende a comunidade e o crescimento da empresa. Claro, a abordagem pode não ser a mais fácil ou mais simples. No curto prazo, a família enfrentou vários desafios e precisou trabalhar muito para se adaptar à nova estrutura. Foi preciso responder várias perguntas: Como pagar os irmãos se as funções e níveis de desempenho não forem equivalentes? Como compartilhar recursos escassos, como dinheiro e talento, com todo o portfólio? Como tomar as principais decisões executivas no nível da empresa-mãe? E muito mais. Apesar desses desafios, no longo prazo, a estratégia produziu vantagens significativas.

Além disso, é muito provável que ninguém vai lembrar exatamente como o número de ramos foi estabelecido ou a complexidade e as frustrações de fazer tudo isso funcionar. Provavelmente também nunca haverá uma consciência explícita de como o processo de lidar com esses desafios ajudou a família a aumentar a capacidade de enfrentar questões difíceis no futuro e, logo, aumentou a habilidade geral de lidar com as outras contradições complicadas que são parte da administração de um negócio. Entretanto, a determinação de honrar **ambas**, família *e* empresa, com essa abordagem (conscientemente ou não) com certeza contribui para o seu sucesso presente e futuro.

Esse exemplo simples demonstra o poder de se adotar **ambas**. A empresa familiar usou uma abordagem **Ambos**/E em vez de Ou/Ou (mais detalhes sobre o tema no Capítulo 5). Ela permitiu que as tensões presentes no esforço estreitassem ainda mais os laços familiares E impulsionassem a empresa em direção à visão de longo prazo da família. Dessa forma, a terceira geração terá o orgulho da sua tradição e da contribuição que faz ao bem-estar das comunidades. Esse tipo de administração paradoxal é essencial para a evolução de sucesso que transforma a família empresarial em uma "Família Empreendedora".

A Família Empreendedora é aquela que integra uma orientação de família em primeiro lugar *e* de empresa em primeiro lugar. Ela conquista uma vantagem competitiva exclusiva quando constrói a capacidade e a habilidade de gerenciar paradoxos. A Figura 1.1 contém uma representação visual dessas ideias.

A Família Empreendedora inclui um pensamento que coloca a família *e* a empresa em primeiro lugar, criando um portfólio de oportunidades diversificadas que se adaptam aos talentos e interesses exclusivos dos familiares que desejam participar. Com uma série de oportunidades, os familiares que não tiverem o interesse ou a habilidade necessários para participar ainda podem ser incluídos de maneiras significativas. Eles podem ajudar a liderar as obras filantrópicas da empresa ou o conselho familiar, por exemplo. Assim, quem não se envolve com a empresa

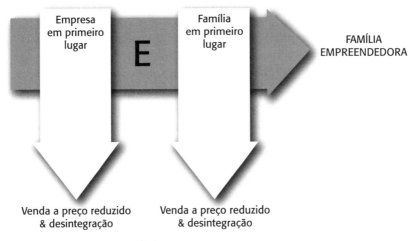

Figura 1.1 Família empreendedora.

ainda tem sua função e faz contribuições valiosas. O resultado é que essas pessoas concluem que a família deveria proteger os interesses da empresa e que esta deveria se envolver com a família.

Em outras palavras, quem não estava disposto a se envolver com a empresa enxerga os benefícios da família ter um ponto de vista que coloca a empresa em primeiro lugar. E os envolvidos na liderança da empresa veem os benefícios da empresa ter um ponto de vista que coloca a família em primeiro lugar. Essas perspectivas mantêm os proprietários familiares envolvidos com a família, leais à empresa e orgulhosos de **ambas**, empresa *e* família.

Como você já deve ter percebido, enfrentar paradoxos é algo natural para as empresas familiares. Mas a ideia não é apenas escolher um lado ou outro de cada paradoxo e então ver as contradições desaparecerem em um passe de mágica. O processo envolve um grande esforço. O trabalho contínuo e consciente pode, com o tempo, levar a uma integração ou reunião de sucesso entre dois lados que parecem opostos. Assim, quando nos deparamos com um problema paradoxal, em vez de escolher um lado ou outro, é preciso buscar ativamente **ambos** os lados. A alternativa de não buscar **ambos** será viver com as consequências, ou seja, com os problemas contínuos gerados pelo lado que não foi escolhido.

Intersecção entre família e negócios

O sistema familiar e o sistema empresarial, por suas próprias naturezas, estão cheios de conflitos em potencial cuja identificação e exploração ajuda a contextualizar o entendimento dos paradoxos mais comuns enfrentados pelas empresas familiares. A Figura 1.2 apresenta um resumo geral dos conflitos fundamentais entre sistemas familiares e empresariais.

Como observado na Figura 1.2, uma área de conflito é a aceitação. O sistema familiar se baseia na aceitação incondicional: os membros nascem na família e, logo, são aceitos como são. Os sistemas empresariais, por outro lado, giram em torno da aceitação condicional: as pessoas são convidadas a se juntar à empresa (em outras palavras, contratadas), e continuam nela, com base em critérios específicos.

Outro conflito, que resume boa parte das diferenças entre os dois sistemas, é que as famílias são inerentemente socialistas e as empresas inerentemente capitalistas. O mundo das empresas familiares é uma tentativa de misturar as normas do socialismo e do capitalismo. Várias outras diferenças importantes são parte integral das diferenças entre as duas

Figura 1.2 Família e negócios: diferenças fundamentais.

ideologias e elas quase sempre surgem à medida que a empresa familiar evolui. Em geral, as famílias são cooperativas, enquanto as empresas tendem a ser competitivas. As famílias partem de uma base mais emocional, enquanto as empresas adotam uma base lógica. A maioria das famílias busca igualdade de resultados para os familiares, enquanto as empresas tomam decisões com base no mérito (diga-se de passagem que trabalhar o paradoxo igualdade e mérito pode exigir que os envolvidos se concentrem em oportunidades justas em vez de resultados justos; o Capítulo 4 oferece mais informações sobre como abordar esse paradoxo).

Para reunir dois sistemas com abordagens e crenças muito diferentes, às vezes até aparentemente opostas, o conflito é inevitável. As empresas familiares não são uma exceção. Como revela a lógica e uma série de observações empíricas, nesse contexto, o conflito é inato: a maioria das empresas familiares enfrenta múltiplos conflitos em diversos momentos diferentes. Mas ainda podemos nos consolar com o fato de que esses conflitos tendem a ser previsíveis, até inevitáveis, e surgem em momentos nos quais pensar sobre uma questão a partir da perspectiva da família e da empresa gera dois pontos de vista que parecem opostos um ao outro.

Esses conflitos previsíveis dentro da empresa familiar (como vemos na Figura 1.3) podem ter fortes efeitos negativos se não forem antecipados e administrados de modo proativo. Um dos conflitos é a sucessão da liderança ou transição geracional. A família prefere que um familiar da nova geração assuma o comando, enquanto a empresa busca um indivíduo que possua um conjunto de qualificações específicas. Além disso, muitas vezes surge um conflito adicional relativo à sucessão em si, de um líder para o outro. Às vezes, o grupo original continua por perto por mais

46 Reconhecendo Ambos

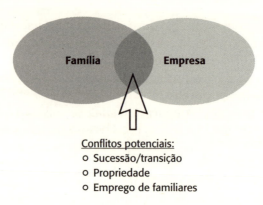

Figura 1.3 Exemplos de conflitos entre família e empresa.

tempo do que deveria, dificultando a vida do novo líder, que não consegue conquistar respeito e atenção do resto da organização e de equipe administrativa. A sucessão e a transição podem ser particularmente difíceis nas primeiras gerações, pois a propriedade e envolvimento da família ainda são bastante concentradas e todos os envolvidos têm interesses individuais intensos com relação ao resultado final.

Outra causa quase universal de conflito nas empresas familiares é a questão da propriedade, especialmente em relação à gestão das expectativas do grupo de proprietários. Em geral, a questão de quem recebe mais interesse econômico na empresa e quem recebe maior poder de voto envolve tensões significativas. A família pode acreditar que tudo deveria ser dividido igualmente entre os parentes, mas a perspectiva da empresa pode ser bem diferente: a propriedade deveria ser dividida de um modo que aumente a produtividade da empresa, recompensando aqueles que fazem as maiores contribuições para o desempenho da organização. Em alguns casos, os familiares que trabalham na empresa têm crenças específicas sobre como concentrar o poder e a propriedade, enquanto os parentes que não se envolvem com o cotidiano da empresa têm outro ponto de vista. Esses lados aparentemente opostos com relação à propriedade podem, se não forem administrados, criar um conflito muito prejudicial para todos. O conflito é especialmente provável em gerações subsequentes, quando o grupo de proprietários muitas vezes é enorme e geograficamente disperso.

Uma área de conflito adicional muito comum é o emprego de familiares. A visão da família é de que todos os parentes devem receber oportunidades de emprego, independente das circunstâncias. A perspectiva da empresa é de que o emprego deve se basear nas habilidades e qualificações do indivíduo e nas necessidades da própria empresa. Como lidar com esses conflitos e contradições?

Esses conflitos das empresas familiares não são apenas problemas: eles têm as características de um paradoxo, pois há verdade em ambos os lados da contradição. É importante analisar todos os fatores relativos às contradições de modo a evitar escolhas ou decisões específicas inaceitáveis para um dos lados. Isso significa que também é preciso evitar trocas e compensações, nas quais mais de X significa menos de Y e escolher entre X e Y produz resultados menos do que ideais. Logo, uma abordagem ideal começa com o reconhecimento de que essas situações ricas em contradições são compostas de dois lados que parecem estar em conflito, mas que, na verdade, são paradoxos que apoiam um ao outro, como vemos na Figura 1.4. Adotar essa abordagem maximiza a probabilidade de atender **ambas**, a família *e* a empresa.

É importante ter em mente que as empresas familiares não teriam o mesmo sucesso se houvesse apenas diferenças, ainda que estas tendam a se destacar devido a sua natureza dramática e aos desafios que representam. A empresa pode ser adaptada para atender as necessidades da família, como vimos no exemplo da família de banqueiros; para ser específico, diversas características das empresas (como geografia e estrutura) podem ser ajustadas para atender os interesses e competências dos familiares. Ao mesmo tempo, a família contribui com pontos fortes para a empresa, pois tem um conjunto especial de valores e tradições. Por exemplo, os familiares são vigilantes e apaixonados pela empresa, pois estão profundamente vinculados com seu sucesso. A família e a empresa também têm os mesmos objetivos com relação à continuidade: a família quer ver a empresa sobreviver, não tanto pelos acionistas atuais, mas pelas gerações futuras da família.

Figura 1.4 Paradoxos comuns em empresas familiares.

Paradoxo do individual *e* do coletivo

Depois de analisar possíveis áreas de conflito e pontos fortes entre os sistemas familiares e empresariais, reflita sobre os modos como as empresas familiares mais encontram os paradoxos nas operações cotidianas. Um paradoxo muito presente no cotidiano é a luta entre desempenho e recompensas para o indivíduo *e* desempenho e recompensas para o grupo ou organização. O que é mais importante recompensar, as conquistas do indivíduo ou as do grupo?

Claro, todas as organizações enfrentam essa questão de indivíduos *versus* grupo. Mas o desafio é maior nas empresas familiares, porque, em geral, o grupo não é apenas um conjunto de indivíduos sem relação entre si, mas sim vários parentes. Do ponto de vista da família, todos são iguais; do ponto de vista do negócio, os indivíduos podem ser diferenciados com base em qualificações, desempenho e serviços oferecidos. Nesse contexto, quando consideramos como monitorar o desempenho e oferecer recompensas, o foco no individual ou no coletivo tem aspectos positivos e negativos. Qual deve ser enfatizado? Em primeiro lugar, lembre-se da definição de paradoxo: os dois lados têm seu mérito. Reconhecimento e recompensas individuais têm valor, assim como as coletivas (ou seja, em nível de equipe ou organizacional).

É importante começar a gestão de paradoxos com uma análise dos dois lados envolvidos; no caso, o indivíduo *e* o grupo. Em certos aspectos, um é o contrário do outro. No princípio, parece que tomar uma decisão positiva para o indivíduo provavelmente será negativa para o grupo, enquanto uma decisão negativa para o indivíduo pode ser positiva para o grupo.

Por exemplo, se a escolha for enfatizar o grupo, a consequência pode ser que várias pessoas (como os vagabundos e os aproveitadores) não cumprirão suas responsabilidade individuais, forçando os outros a compensarem a preguiça alheia. O resultado final é mais problemas e conflitos. O oposto é verdade quando enfatizamos o indivíduo. Nesse caso, cada um cumpre suas obrigações individuais, mas ninguém presta atenção aos resultados coletivos do grupo. O resultado pode ser que o grupo não consegue cumprir suas responsabilidades maiores. Assim, escolher um lado ou o outro não produz resultados ideais de longo prazo. É necessário escolher **ambos**, o indivíduo *e* o grupo.

Primeiro, aceite o paradoxo pelo que é e tente obter o maior valor possível de **ambos** os lados. Em outras palavras, trabalhe com a tensão entre as duas perspectivas opostas no paradoxo do indivíduo *e* do grupo para capturar a energia de **ambos**.

Identifique os aspectos positivos de se concentrar no indivíduo e os aspectos positivos de se concentrar no grupo e depois reforce **ambos**, o indivíduo *e* o grupo, em tradições, valores, políticas e processos organizacionais. Assim, a organização terá conquistado a habilidade de aproveitar o melhor de **ambos**: fortalecendo o indivíduo, o grupo é fortalecido; fortalecendo o grupo, o indivíduo é fortalecido. Um reforça o outro, como vemos na Figura 1.5. Em uma conversa sobre esse assunto com um grupo de profissionais de empresas familiares, surgiu uma frase que captura esse paradoxo específico: "A força do lobo está na matilha".

Individual *e* coletivo em ação

Qual seria o impacto da ênfase em **ambos** no cenário de uma empresa familiar específica? Um cliente espanhol do setor metalúrgico estava introduzindo a nova geração, um sobrinho, ao negócio com um emprego na área de produção. Dada a personalidade, educação, experiência e interesses do sobrinho, a família enxergava nele o provável futuro CEO da

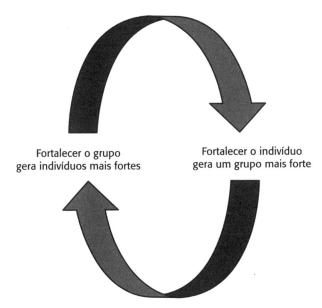

Figura 1.5 Paradoxo do individual *e* do coletivo.

empresa. O desafio era como apoiar o papel do sobrinho no ambiente de produção e, ao mesmo tempo, dar tempo para que ele aprendesse sobre os aspectos mais amplos da empresa. A ênfase exagerada no desenvolvimento pessoal teria sacrificado as metas da equipe de produção, incluindo a fabricação de um produto de qualidade e a entrega dentro do prazo. Ao mesmo tempo, garantir sua exposição a diversas áreas dentro da empresa seria importante para a evolução de um líder capaz e para o futuro da própria organização.

A resposta da empresa foi desenvolver as estruturas e processos que permitiriam que o sobrinho fizesse **ambos**. Para garantir o sucesso, o CEO comunicou o plano ao resto da organização *e* apoiou-o com os recursos necessários. O sobrinho começou a trabalhar na produção, mas ficou claro desde o princípio que 80% do seu tempo seria dedicado à equipe de produção e os outros 20% a "aprender o negócio", incluindo trabalhar com o CEO atual (o tio) para participar de reuniões do conselho e realizar saídas de campo para conversar com clientes e fornecedores. A solução permitiu que a equipe de produção, incluindo o sobrinho do CEO, fosse produtiva e cumprisse suas obrigações, mas, ao mesmo tempo, também criou um plano para o desenvolvimento do futuro líder da empresa familiar. O sobrinho acabou tendo sucesso, tanto na equipe de produção quanto como novo CEO, em grande parte devido a habilidades, confiança, perspectiva e reputação que conquistou com essa estrutura **Ambos**/E.

Em geral, as empresas familiares estão muito bem posicionadas para dominar a gestão de paradoxos, pois esta é uma parte fundamental de si mesmos, e a identificação e gestão das contradições contidas nos paradoxos é um elemento tradicional e periódico entre elas. Essa prática pode evoluir e se transformar numa ótima capacitação interna para gerenciar paradoxos. Essa competência, por sua vez, combinada com uma abordagem de negócios baseada em tradições e o foco no longo prazo, pode levar a uma vantagem competitiva que ajuda a explicar por que as empresas familiares sobrevivem e prosperam por várias gerações. É provável que a capacitação para ver ambos os lados dos problemas paradoxais seja um fator importante na inovação e adaptabilidade dessas empresas.

Celebrando o paradoxo na Beretta

As empresas familiares que continuam a ter sucesso por várias gerações sabem intuitivamente como administrar as contradições baseadas em paradoxos. A gestão de paradoxos se torna uma parte essencial da sua história. Um bom exemplo disso é a Beretta Company, uma fabricante de armas e acessórios fundada em 1526 e ainda administrada pela mesma família depois de 14 gerações.[2] O lema da empresa está marcado no brasão da família e é mostrado com orgulho nos escritórios da empresa: "Prudência e Audácia".

> Prudência: sabedoria em questões práticas
> *E*
> Audácia: coragem destemida

O lema da família Beretta, no coração da empresa há quase 500 anos, é a epítome do paradoxo. Também encontramos a noção de "Prudência e Audácia" em muitos outros elementos da empresa, incluindo a ênfase em "criatividade sistemática". O que isso significa, na prática? Como a empresa pode ser **ambos**, prudente *e* audaciosa, sistemática *e* criativa, ao mesmo tempo? O que isso significa para suas operações cotidianas?

Esses paradoxos se desenvolvem de várias maneiras diferentes dentro da Beretta. A empresa e a família têm um orgulho tremendo de suas tradições seculares, mas estão sempre buscando novas maneiras de trabalhar. Sediados em um vilarejo nas montanhas, os escritórios da Beretta lembram um pouco um museu, com o piso de madeira original sob as mesas de trabalho e imagens cheias de história penduradas nas paredes. Ao mesmo tempo, as operações criam alguns produtos mais inovadores

Figura 1.6 Os paradoxos da Beretta em ação.

do setor. A empresa trabalha com duas grandes linhas de produtos: armamento militar de alto volume com produção em massa e armamento esportivo com *design* e produção customizados. Na fábrica onde esses itens são produzidos, os robôs da linha de montagem trabalham ao lado de artesãos que gravam as peças à mão. A Beretta também tenta crescer organicamente (em outras palavras, com base nos produtos principais da empresa) e por meio de aquisições.

Enquanto empresa, a Beretta está recheada desses paradoxos. O grande fermento da evolução e mudança estratégica da empresa, o motor fundamental da inovação e criatividade da Beretta, é que a empresa sabe viver com esses paradoxos todos os dias.

Essa multinacional sediada em um vilarejo remoto exemplifica vários adágios: "Olhos no passado, mas foco no futuro" e "Administre a empresa com o coração e com o dinheiro", entre outros. Dentro da Beretta, essas contradições inerentes se espalham... se espalham... se espalham... e finalmente geram novas ideias, oportunidades e *insights* que geram o próximo conjunto de sucessos. Hoje, a Beretta, a empresa industrial mais antiga do mundo, tem 2.600 funcionários e é uma grande inovadora do setor.

O paradoxo está no centro de muitas empresas familiares e na alma do seu sucesso. É o caso da Beretta, pois a personalidade de empresa familiar cultivou um ambiente único no qual os paradoxos vivem o dia a dia. A organização aprendeu a não ser crítica. Mais do que tolerar a ambiguidade e tensão inerente aos paradoxos, a Beretta descobriu como adotá-las e a prosperar com uma gestão consciente dos paradoxos.

O próximo capítulo fala mais sobre *por que* a Beretta e outras empresas familiares têm a habilidade de aproveitar oportunidades estratégicas para adaptação e vantagem competitiva. A capacidade e a capacitação para gerenciar paradoxos é um tema geral, enquanto o paradoxo de tradição e mudança é o desafio central, além de uma oportunidade essencial, para as empresas familiares.

Resumo da avaliação

Sugerimos que você aproveite este momento para voltar à Avaliação Família em Primeiro Lugar/Empresa em Primeiro Lugar, apresentada no começo da Parte I, e analise seus resultados. O Apêndice C contém instruções detalhadas sobre como completar e interpretar o escore da avaliação.

O propósito da avaliação é oferecer aos membros da família uma representação de suas perspectivas individuais e coletivas sobre as questões fundamentais relativas à posição da empresa e da família em primeiro lugar. A pesquisa é o ponto de partida para um debate entre os familiares sobre por que as pessoas responderam de um jeito ou de outro, especialmente quando as respostas são divergentes. Uma conversa sobre os resultados da pesquisa pode ajudar os familiares a estabelecerem uma plataforma comum para abordar essas questões complicadas, em grande parte porque ela desenfatiza a natureza emocional e pessoal dos conflitos e as coloca em uma perspectiva mais situacional ou estrutural. O resultado promove o sucesso da família e da empresa, especialmente porque ajuda os envolvidos a apreciarem as consequências de dar mais ênfase a uma abordagem do que à outra.

2

Tradição e Mudança em Empresas Familiares

A Axel Johnson, Inc., com sede em Estocolmo, Suécia, remonta a uma empresa de transporte e comércio exterior fundada em 1873. Como sugere a citação abaixo, tradição *e* mudança é um tema central para a empresa.

> O grupo [empresa] reúne o velho e o novo, passado e presente, experiência e curiosidade, perspectiva de longo prazo e entusiasmo.[1]
>
> Axel Johnson AB

As famílias proprietárias de empresas investem gerações de sangue, suor e lágrimas no crescimento e desenvolvimento da organização, desde a geração fundadora até a liderança atual. Na busca de como combinar com sucesso o amor da família e o desejo por lucro nos negócios, as empresas familiares ao redor do mundo estão sempre enfrentando paradoxos. Os paradoxos são uma parte integral e profunda do DNA dessas empresas. A necessidade de enfrentar os paradoxos ajuda ambas, famílias e empresas, a se tornarem mais fortes e mais resistentes.

O paradoxo tradição *e* mudança é um desafio para todas as empresas familiares, especialmente em momentos de transição. Estejam essas empresas sediadas em Chennai (Índia), Chiapas (México) ou Cheyenne (EUA), toda empresa familiar que sobrevive múltiplas gerações precisa abordar esse paradoxo universal.

Cada geração precisa decidir o que preservar do passado e o que deixar para trás. Grandes dilemas (por exemplo, continuar ou não a fabricar o produto original da empresa, onde construir novas instalações ou qual deve ser o tamanho total da equipe) forçam a empresa familiar a ter conversas difíceis sobre tradição e mudança. Mesmo questões menores relativas a esse paradoxo podem causar conflitos. Por exemplo: De que cor pintamos a entrada do prédio? Que quadro penduramos no escritório do presidente? Que foto vai no cartão de Natal da empresa? As tradições que evoluem representam muito mais do que conseguimos enxergar à primeira vista. As famílias podem até saber que precisam se adaptar para sobreviver, mas o entendimento é muito mais fácil do que a execução. Mas então qual a melhor maneira de administrar o paradoxo de tradição e mudança? O que podemos aprender com as empresas familiares que são exemplares na gestão desse paradoxo?

O Grupo Godrej: Um modelo de tradição e mudança

As empresas familiares que reconhecem o paradoxo da tradição *e* mudança entendem muito bem as próprias raízes. Elas compreendem e honram as tradições e valores da família fundadora. Ao mesmo tempo, as empresas continuam a evoluir para atender as necessidades dos ambientes atuais. Como isso é possível? A resposta é que, em vez de abandonar o velho e integrar o novo, elas fazem **ambos**, honram *e* sentem orgulho das tradições fundamentais estabelecidas pelos fundadores da empresa *e* usam-nas para promover a inovação em meio a novos desafios.

Um grande exemplo de como viver esse paradoxo de tradição e mudança é o Grupo Godrej, uma empresa familiar de sucesso que trabalha no ramo de bens de consumo na Índia há cinco gerações. O grupo "tenta alcançar a mistura perfeita de tradição *e* inovação". De acordo com um executivo da família Godrej, "somos tradicionais em termos de confiança, integridade e bem-estar dos funcionários, porém, como a modernidade e as inovações são extremamente importantes, gostamos de absorver as últimas novidades". Mas como isso se desenrola no dia a dia da Godrej? Considere o seguinte elemento da estrutura de governança corporativa da empresa:

> Uma das melhores demonstrações de como os conceitos divergentes de tradição e inovação (mudança) podem trabalhar lado a lado em uma empresa familiar moderna é a divisão de dois comitês importantes. O comitê de governança corporativa do grupo é supervisionado por um grupo de profissionais mais velhos que analisam questões geopolíticas, enquanto um comitê executivo de "prodígios" com 30-40 anos dá ideias dinâmicas e inovadoras de como melhorar o negócio.[2]

O Grupo Godrej aceita e oferece uma função para quem viveu várias décadas de mudanças nos negócios, política e meio ambiente. Dada a sua intimidade com o passado, o grupo tem a perspectiva de que precisa para entender como mudanças e tendências nesses domínios inter-relacionados podem evoluir dentro de sua base de clientes, junto aos funcionários e na empresa como um todo. A visão do grupo sênior se justapõe com a da geração mais jovem, que pode ter uma noção melhor do contexto de negócios atual e das mudanças rápidas no mercado, e maior familiaridade com os avanços tecnológicos relevantes. Assim, a Godrej se beneficia de **ambos**, os *insights* históricos *e* a perspectiva voltada para o futuro, dentro da organização: tradição *e* mudança.

No contexto do exemplo da Godrej, pense como as várias características das empresas familiares ajudam o grupo a fazer **ambos** ao mesmo tempo, proteger as fontes do sucesso passado *e* buscar as inovações necessárias. Depois de muita pesquisa e reflexão, identificamos quatro características exclusivas das empresas familiares que desempenham um papel importante nesse sentido:

- orientação temporal diferenciada
- dilemas complexos de sucessão
- estratégia com motivação interna
- valores duradouros

Orientação temporal diferenciada

Os estudos sobre a perspectiva temporal das empresas familiares mostram que, em comparação com as empresas não familiares, a orientação da alta gerência está mais focada em **ambos**, passado *e* futuro, do que no presente (ver Figura 2.1). Por outro lado, a alta gerência das empresas não familiares se concentra muito mais no presente.[3]

Uma equipe administrativa com maior orientação ao passado traz experiência e perspectiva históricas a problemas e decisões. Equipes desse tipo também tendem a criar previsões mais ponderadas de **ambos**, potencial *e* riscos, do que grupos mais orientados ao presente. Uma equipe mais orientada ao futuro tende a abordar problemas com mais paciência e um pensamento mais "baseado em opções"; assim, elas mantêm uma porta mais aberta para novas informações e novas possibilidades do que uma equipe orientada ao presente. Em geral, uma forte orientação ao presente leva a riscos e retornos mais especulativos e está

Tradição e Mudança em Empresas Familiares 57

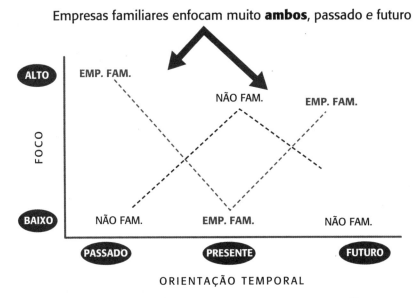

Figura 2.1 Orientação temporal da alta gestão em empresas familiares em comparação com as empresas de capital aberto.

associada a excesso de confiança em avaliações relativas à implementação de mudanças.[4]

A citação a seguir sugere que é difícil exagerar os efeitos da orientação temporal nas crenças e comportamento da gerência:

> Não há influência mais poderosa e onipresente sobre como os indivíduos pensam e as culturas interagem do que perspectivas diferentes com relação ao tempo; o quanto dividimos o tempo mentalmente em passado, presente, futuro.[5]
>
> Gonzalez e Zimbardo

Nesse contexto, vale a pena explorar um pouco mais os benefícios de uma visão de longo prazo para as empresas familiares. Se o horizonte temporal é longo, contradições que poderiam destruir a empresa têm maior probabilidade de evaporarem. Além disso, com uma visão de longo prazo, a solução de problemas e a tomada de decisões podem incorporar fatores mais subjetivos, aumentando a probabilidade de abordagens mais amplas, em vez daquelas mais estritamente orientadas a lucros.

Dilemas complexos de sucessão

Muitos líderes da nova geração de empresas familiares descobriram em primeira mão a importância de tradição *e* mudança enquanto paradoxo cultural que potencializa as ações da empresa. Como disse um gerente, é preciso fazer **ambos**, honrar o passado *e* abrir espaço para o futuro.

Um dilema muito comum para os sucessores é como gerenciar a mudança quando assumem um cargo de liderança, seja como CEO, presidente do conselho familiar ou presidente da organização filantrópica da família. Pense na fórmula "acadêmica" de gerenciar mudanças organizacionais. Primeiro, crie uma plataforma abrasante: deixe claro que a empresa está em crise. Segundo, culpe todos que vieram antes de você. Terceiro, livre-se da antiga liderança para eliminar a resistência a mudanças. Quarto, transforme ou revolucione a empresa com sua visão pessoal. E assim por diante.

Agora aplique esse modelo a praticamente todo e qualquer cenário de transição ou sucessão em empresas familiares. Os passos ficariam mais ou menos assim:

- Primeiro: "Nossa situação é horrível".
- Segundo: "Papai e Mamãe são os responsáveis".
- Terceiro: "Todo mundo que trabalhou na organização nos últimos 25 anos, tias, tios, irmãos, tem que ir embora".
- Quarto: "Tenho respostas convincentes sobre como transformar a empresa".

Obviamente, o método acadêmico não funciona em empresas familiares. Entretanto, todos os sucessores, em empresas familiares ou não, enfrentam o desafio de gerar mudanças. Muitas vezes, a organização precisa mudar para continuar a ter sucesso no futuro. Ao mesmo tempo, a organização está mergulhada na tradição; em muitos casos, o líder anterior ainda tem uma presença forte e a fama de herói. Então como o sucessor de uma empresa familiar pode dizer, ao mesmo tempo, "eu valorizo, honro e aprecio o passado" *e* "precisamos mudar"?

Para piorar ainda mais a situação, o sucessor quase sempre quer começar com ações de alto impacto, às vezes porque o resto da organização pode estar achando que ele assumiu o cargo de liderança pelos motivos errados. A motivação para gerar resultados pode estar baseada no desejo por crescimento organizacional positivo, mas também pode ser motivada por uma necessidade mais emocional de provar o próprio valor, que tem o potencial de ser bem mais problemática. Assim, o sucessor precisa ter a autoconfiança necessária para não começar uma revolução apenas para massagear o próprio ego e, em vez disso, estabelecer um curso de ação inicial mais focado na continuidade e com os dois pés nas tradições da organização. É apenas com esse alicerce que o sucessor pode começar a introduzir mudanças com sucesso.

O foco na tradição permite que a organização como um todo reconheça que o sucesso passado da empresa partiu de um alicerce de valores e tradições fundamentais e não de um conjunto de práticas específicas e predefinidas. Por exemplo, a empresa pode enxergar que sua abordagem de precificação se baseia numa filosofia antiga, não apenas numa política de sempre cobrar 20% a mais. A mensagem de tradição *e* mudança também pode ser reforçada pelas gerações anteriores, que dizem "mantenha os valores do passado vivos na organização, mas reconheça que nossas práticas precisarão evoluir para garantir o sucesso no futuro". A força dos valores vem da sua durabilidade. As práticas precisam mudar com os tempos.

A observação de transições de sucesso em empresas familiares sugere que muitos sucessores encontram maneiras de fazer **ambos**, honrar o passado *e* promover mudanças para o futuro. A mensagem específica com a qual transmitem esse sentimento é usada várias vezes dentro da

---

"Meu objetivo é continuar nossa tradição de mudança".

"Quero lembrar a todos que a inovação é nossa tradição".

"Nosso legado de inovação".

"Nosso lema: novas ideias, velhos ideais"

"Preserve o melhor, reinvente o resto".

"Tradição não é história. Tradição é eternidade".

"Acolhemos a tradição e o jeito moderno de fazer as coisas".

"Sempre mudando para permanecer os mesmos".

"O verde cresce organicamente entre o ouro".

Figura 2.2 Declarações de sucessores sobre tradição e mudança.

organização para reforçar o paradoxo de tradição *e* mudança. A Figura 2.2 apresenta exemplos dessas mensagens.

As frases na Figura 2.2 são exemplos de sucessores que honram o que veio antes sem ficarem estagnados e presos ao passado. Os níveis de paciência e visão estratégica representados por essas declarações são essenciais para fazer a tradição *e* a mudança viverem e respirarem de verdade dentro de qualquer empresa familiar. O sucessor consciente enfatiza a tradição e outros valores compartilhados como a pedra basilar do sucesso futuro, reforçando o alicerce construído pelas gerações anteriores e ajudando a empresa a utilizar esses recursos para se fortalecer e promover o sucesso futuro.

Os novos sucessores provavelmente não vão apreciar o paradoxo com naturalidade. Aceitar a ambiguidade e a incerteza não costuma ser uma atitude confortável para ninguém. Na verdade, o reconhecimento do paradoxo quase sempre está em competição com os instintos do novo sucessor, que acha que precisa parecer claro e decisivo, e estar no controle da situação. A ideia de tentar gerenciar o paradoxo também contradiz algumas noções populares sobre liderança: "Você deve ter uma visão simples e convincente", por exemplo. A maioria dos líderes em ascensão também se concentra em aprender processos algorítmicos de tomada de decisões e solução de problemas, dos quais dependem para serem confiantes e persuasivos. Entretanto, os sucessores da nova geração têm muito a ganhar com a explicitação de como identificar e gerenciar paradoxos. Um pai famoso disse a seguinte frase ao seu futuro sucessor:

> A mudança não muda a tradição. Ela a fortalece. A mudança é um desafio e uma oportunidade, não uma ameaça.[6]
>
> Príncipe Philip, Duque de Edimburgo

Estratégia com motivação interna

Como vemos no caso da Beretta no Capítulo 1, a empresa prospera quando aceita estratégias e processos contraditórios: artesanato e produção em massa, presença local e global, crescimento orgânico e baseado em aquisições, entre outros. A Beretta faz isso há tanto tempo que essas contradições estratégicas muitas vezes se tornam a origem de novas estratégias, que por sua vez evoluem de modo independente. As estratégias da Beretta emergem da mão de obra leal, da cultura extraordinária da organização, do DNA da família e da tradição de liderança dos familiares. Assim, essas estratégias são geradas internamente, causadas por tensões paradoxais e filtradas pelos valores da empresa.

Esse processo de formulação de estratégias não é convencional, mas também não é raro em empresas familiares. A maioria dos processos de planejamento estratégico busca ideias e oportunidades "de fora", por exemplo, de mudanças no mercado ou ações da concorrência. A empresa alinha sua cultura, seleção de liderança e capacitação dos funcionários à estratégia depois dos fatos. As empresas familiares de sucesso, por outro lado, geram estratégias adaptativas "de dentro", desenvolvendo abordagens estratégicas consistentes com suas competências e cultura. Em outras palavras, o que a empresa é motiva o que ela se torna, em vez de deixar os objetivos moldarem as operações. A Figura 2.3 representa esse contraste.

Por exemplo, uma empresa familiar tinha várias fábricas de produtos plásticos nos Estados Unidos no começo da década de setenta. O grupo aperfeiçoara uma filosofia de administração focada em envolver os funcionários e clientes em programas de melhoria de processos que acreditava serem universais. A família também era apaixonada por viagens internacionais, então os familiares adoravam a ideia de trabalhar com várias culturas diferentes. Um familiar transformou a curiosidade

Figura 2.3 Estratégia tradicional comparada com formulação da estratégia de empresas familiares.

em ação e aceitou um emprego na Bélgica, onde foi trabalhar com um dos fornecedores da empresa. Pouco tempo depois, a família investiu ainda mais no interesse intercultural e comprou uma indústria europeia. Várias décadas depois, essa empresa familiar emergiu como líder mundial do setor. Em vez de seguir uma necessidade de mercado documentada e quantificável, a família seguira uma paixão específica que todos compartilhavam. O resultado final é que a empresa acabou posicionada para o sucesso em larga escala. Hoje, um familiar da nova geração está estudando em Cingapura. É fácil prever o próximo continente para o crescimento da organização.

Como vimos anteriormente, a Beretta também exemplifica essa abordagem estratégica de dentro para fora. Em vez de mudanças de mercado significativas, para a empresa, a chegada de uma nova liderança (em cada nova geração) tende a anunciar o desenvolvimento de novas estratégias de negócios. Mas essas estratégias não se baseiam em caprichos ou nas idiossincrasias da liderança; elas evoluem a partir da personalidade da empresa, de seus valores, história, liderança e ambiente. Na verdade, poderíamos dizer que a maioria das novas estratégias em empresas familiares antigas não são novas de verdade, pois já existem na forma de conceitos e fragmentos. Do seu próprio jeito, cada nova geração da liderança assume, defende e então adapta as estratégias às condições do mercado.

Valores duradouros

As contradições e paradoxos dentro da cultura da empresa levam mais sabedoria à solução de problemas, mais equilíbrio à análise de alternativas, mais potencial às possibilidades e mais cuidado aos riscos assumidos. Os valores que a organização representa ou defende também devem refletir seu potencial de gerenciar e dar boas-vindas a paradoxos. Pense em dois conjuntos de valores. No lado esquerdo da Figura 2.4, temos valores mais transacionais e mensuráveis, associados com abordagens mais algorítmicas de solução de problemas.

A lista na esquerda da Figura 2.4 representa valores muito comuns nas organizações com "administradores profissionais", ou seja, as empresas de capital aberto prototípicas. Eles se dedicam a operações firmes e fechadas, e com forte orientação a resultados. Por outro lado, eles não representam a história da empresa e também não trabalham o desconforto dos indivíduos em épocas de ambiguidade e incerteza. Além disso,

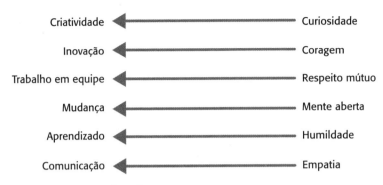

Figura 2.4 Comparação de valores.

eles não oferecem *insights* sobre a integração ou síntese de problemas paradoxais. Agora vamos considerar os valores na coluna da direita da Figura 2.4.

Tais valores, muito mais comuns em empresas familiares, provavelmente têm suas raízes no contexto e na época da fundação e não são criações posteriores. Eles emergem do espírito e da personalidade do indivíduo ou grupo fundador, não do trabalho de uma comissão especial. Além disso, eles têm uma natureza mais humana, oferecendo consolo em tempos difíceis e incertos, e mais segurança e estabilidade durante as mudanças. Observe também que os valores na coluna da direita costumam estar por trás das suas contrapartes mais transacionais na esquerda (o que explica as flechas apontando para a esquerda).

É interessante considerar como esses valores exclusivos das empresas familiares apoiam a gestão do paradoxo tradição *e* mudança. Os próprios valores pessoais e individuais da empresa familiar costumam levar a uma conexão mais direta entre indivíduos e empresa. Essa conexão cheia de energia, em combinação com a humildade, apoia o comprometimento da nova geração com as lições do passado. Uma nova geração apaixonada pela preservação do passado também pode ter firmeza quanto à necessidade de adaptação e inovação para o futuro. O valor familiar da coragem apoia a nova geração enquanto esta tenta vencer o desafio de implementar uma abordagem **Ambos**/*E*. Assim, os valores familiares podem ter uma função importante na gestão de tradição *e* mudança.

Mais um exemplo: pense nos valores culturais da Strauss, uma grande empresa israelense do setor de alimentos que está em sua terceira geração. Fica claro que essas três declarações ajudariam muito a administrar a tensão entre tradição e mudança entre as gerações:

> Coragem e Carinho
> Paixão e Responsabilidade
> Trabalho em Equipe e Todos São Importantes

Tradição e mudança na Beretta

A Beretta expressa sua abordagem a tradição *e* mudança com a expressão "evolução *e* inovação". O paradoxo é uma das características mais importantes da cultura da empresa, talvez a maior de todas. O respeito pela tradição cria uma plataforma estável para que as pessoas possam entender como "fazer a coisa certa" e tenham confiança. Ao mesmo tempo, apreciar a mudança ou inovação ajuda a organização a continuar relevante e fazer coisas novas. O paradoxo da evolução *e* inovação ajuda a Beretta a avançar sem perder de vista tudo que veio antes. É tudo parte do grande lema da empresa: "Prudência *e* Audácia".

Como vemos na Tabela 2.1, a Beretta demonstra as quatro características necessárias para a gestão exemplar do paradoxo tradição *e* mudança. A primeira é a orientação temporal. Enquanto enfrenta os desafios do presente, a empresa ainda mantém sua atenção focada em **ambos**, passado *e* futuro. Esse foco em **ambos** fica claro na abordagem da Beretta aos locais das instalações. A sede da empresa continua na

Tabela 2.1 Beretta: gestão de tradição e mudança

Características da empresa familiar	Como cada geração valoriza a tradição *e* a mudança na Beretta
Orientação temporal diferenciada	Estimar a sede em Gardone, Itália, *e* Lançar a Beretta USA
Dilemas de sucessão	Sustentar a linha de produtos histórica *e* Expandir a oferta de produtos
Estratégia com motivação interna	Preservar o trabalho puramente artesanal *e* Iniciar produção de alta tecnologia em larga escala
Valores duradouros	"A cultura aqui está nas paredes. Ela se torna parte de você cada vez que respira... algo comum a todos na empresa, algo compartilhado, mas nunca dito em voz alta."

Fonte: John L. Ward and Colleen Lief, *IMD–3–1495 Prudence and audacity: The house of Beretta*, International Institute for Management Development, v. 21.02.2005, 2005.

cidadezinha de Gardone, na Itália, onde a organização foi fundada e onde está boa parte da experiência e conhecimento da Beretta sobre fabricação de armas. Manter essa instalação é visto como um elemento essencial para a continuidade da empresa, mas isso não impediu a Beretta de construir novas instalações nos Estados Unidos, uma declaração do comprometimento da empresa com a capacidade de obter crescimento global duradouro.

Os dilemas de sucessão são a segunda característica. Sempre que uma nova geração da família assume a liderança, ela descobre uma maneira de valorizar as conquistas dos predecessores e também de realizar as próprias. Uma demonstração profunda desse ponto é a evolução da linha de produtos da Beretta através dos tempos. Com muita habilidade, cada geração de líderes conseguiu manter o apelo dos produtos feitos à mão ao mesmo tempo que lançava novos itens, em resposta às oportunidades do mercado. Por exemplo, nos últimos anos, a Beretta lançou uma linha de roupas e acessórios que complementa seus produtos tradicionais.

A terceira característica é a estratégia com motivação interna. A Beretta valoriza há décadas os métodos de produção artesanal dos seus primeiros anos. Para a empresa, a frase "é assim que a gente sempre fez" não declara a resistência a mudanças: ela celebra uma conquista comprovada. E a frase coexiste com um comprometimento, tão celebrado quanto ela, com a aplicação de abordagens de produção tecnologicamente avançadas em larga escala. Cada abordagem é apreciada, celebrada e aplicada da maneira adequada. Por exemplo, nas primeiras décadas do século XX, a Beretta prosperou com o desenvolvimento de uma linha de produtos militares, que teve muito sucesso e se expandiu desde então.

Os valores duradouros são a quarta e última característica relativa ao paradoxo tradição *e* mudança. A Beretta conseguiu usar uma gama de valores e atividades que parecem contraditórios para desenvolver estratégias novas e melhoradas. O que permite que essas ideias estratégicas brotem e ganhem força é a cultura da organização. Uma simples cultura de "preto e branco" não conseguiria dar o oxigênio necessário para concretizar tantas ideias tão diferentes. Porém, se a cultura, assim como a atividade estratégica, inclui o pensamento paradoxal, então ela não precisa se esforçar tanto para acolher novas possibilidades. E as novas ideias podem ser moldadas para perpetuar as características diferenciadas da empresa familiar, em vez de apenas ser avaliadas segundo critério financeiros.

A cultura da Beretta alavanca o artesanato *e* a robótica, pois valoriza o passado e enfoca o futuro. A Beretta promove as ideias e paixões de cada funcionário – a serviço das metas corporativas, pois a cultura da empresa defende a liberdade *e* a responsabilidade pessoal. A Figura 2.5 resume os principais paradoxos que constituem os valores culturais da Beretta, que também têm uma natureza mais humanista.

Pense no valor cultural de "responsabilidade pessoal", ou o que é chamado de "Poder do Indivíduo" dentro da Beretta. A ideia desse valor é dar autonomia aos indivíduos e também responsabilizá-los pessoalmente pela saúde da organização. Ao criar o que poderíamos chamar de "empreendedorismo controlado", ele promove um ambiente não burocrático e com altos níveis de eficiência.

Este capítulo nos apresentou uma série de Famílias Empreendedoras que cresceram e prosperam durante várias gerações e conseguiram conquistar o grande objetivo da continuidade. Para sobreviverem e lucrarem durante tantos anos, essas empresas familiares precisaram aprender a cultivar **ambas**, tradição *e* mudança. Hoje, aquelas que dominaram essa habilidade são exemplos para outras empresas familiares, demonstrando que não é preciso escolher uma e excluir a outra; **ambas**, tradição *e* mudança, são necessárias para a prosperidade de longo prazo de **ambas**, família *e* empresa.

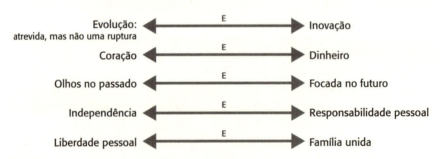

Figura 2.5 Componentes culturais da Beretta.

Fonte: John L. Ward and Colleen Lief, *IMD–3–1495 Prudence and audacity: The house of Beretta*, International Institute for Management Development, v. 21.02.2005, 2005.

Parte II

Identificando Ambos

Perpetuar a empresa familiar é o grande desafio da gerência. O que você precisa fazer para ter sucesso? Duas coisas que parecem muito fáceis, mas não são:

- Manter a empresa forte e saudável o suficiente para durar até a próxima geração.
- Ter uma família saudável que se estende à próxima geração.

Ambos os desafios são grandes o suficiente por conta própria, mas, além disso, você precisa administrar essas duas tarefas hercúleas ao mesmo tempo.

Quando tenta administrar ambas, como deve, você logo descobre as muitas contradições inerentes quando uma família e uma empresa se misturam na unidade que chamamos de empresa familiar.

Os dilemas enfrentados pela família proprietária de uma empresa, enquanto isso, são representados por uma pergunta que estamos sempre ouvindo:

Por que não podemos ter uma empresa familiar e uma família feliz ao mesmo tempo?[1]

John Ward

3

Paradoxos Previsíveis entre Gerações

Os paradoxos das empresas familiares emergem de maneira previsível durante transições de uma geração para a outra em **ambas**, família *e* empresa.

> Em geral, a ganância e o foco aquisitivo da primeira geração é substituído pela ética cautelosa e conservadora da segunda e pela frivolidade mimada e desatenta da terceira.[1]
>
> Adam Bellow, *Em Louvor do Nepotismo*

> Eu devo estudar política e guerra para que os meus filhos tenham liberdade para estudar matemática e filosofia. Meus filhos têm de estudar matemática e filosofia, geografia, história natural, arquitetura naval, navegação, comércio e agricultura, de modo que possam dar aos filhos deles o direito de estudar pintura, poesia, música, arquitetura, estatuária, tapeçaria e porcelana.[2]
>
> John Adams, Paris, 1778

A venda da Dow Jones & Company para a News Corporation, de Rupert Murdoch, em 2007, foi uma consequência lógica da abordagem tradicional da família Bancroft de colocar a empresa em primeiro lugar. Os familiares estavam obviamente ausentes da gestão e governança da empresa havia décadas. Em uma carta aos parentes, Crawford Hill escreveu: "Na verdade, estamos pagando o preço da nossa passividade nos últimos 25 anos".[3] A família passou décadas fazendo pouco esforço para educar ou envolver os acionistas familiares em qualquer nível significativo. Poderíamos dizer que a incapacidade de gerenciar o paradoxo família em primeiro lugar *e* empresa em primeiro lugar no *Wall Street Journal* acabou levando à venda do jornal. E também podemos prever que, se Rupert Murdoch não combinar um respeito saudável pela família *e* pela empresa, a própria News Corporation também não sobreviverá enquanto empresa familiar.

Oscilação geracional

Os paradoxos das empresas familiares emergem com certa previsibilidade durante as transições de uma geração para a outra, tanto na família quanto na empresa. No caminho, à medida que empresa e família crescem e se desenvolvem, cada geração precisa enfrentar um novo conjunto de dinâmicas e demandas. Apesar de cada empresa familiar ser especial, todas se confrontam com muitos dos mesmos desafios e oportunidades em cada fase de desenvolvimento, e assim a geração envolvida nessa fase tende a desenvolver prioridades semelhantes. Por exemplo, o que é importante para a geração fundadora é semelhante em vários setores e locais geográficos diferentes. Sócios-irmãos enfrentam desafios semelhantes em vários setores diferentes e tendem a responder com os mesmos tipos de escolhas. Na terceira geração, os primos colaboradores de empresas familiares ao redor do mundo são forçados a enfrentar um conjunto previsível de desafios e suas respostas tendem a ter mais semelhanças do que diferenças.

Essas dinâmicas geracionais previsíveis contêm paradoxos previsíveis. Todo conjunto de paradoxos geracional é o resultado de um conjunto comum de desafios enfrentados por empresas e famílias à medida que elas crescem e se desenvolvem. A Figura 3.1 apresenta o padrão geracional descrito.

Na Fase do Fundador (G1), as empresas geralmente colocam a empresa em primeiro lugar, para promover sua sobrevivência e sucesso. Os irmãos crescem em um ambiente que tende a priorizar as necessidades da empresa em relação às da família. Não por acaso, isso leva a uma reafirmação das necessidades da família na Fase dos Sócios-Irmãos (G2), numa tentativa de criar um contraponto para o foco da geração fundadora, que colocava a empresa em primeiro lugar. A segunda geração quase sempre tem o luxo de assumir um posicionamento que dá mais prioridade à família, pois ela pode confiar na reputação e na base de clientes criadas pela geração fundadora. A família também tem um incentivo financeiro para se manter unida, pois um ou dois indivíduos teriam muita dificuldade para comprar 25, 33 ou 50% da empresa, na forma das ações dos irmãos (caso um ou mais irmãos decidam sair da organização).

Quando a empresa avança para a terceira geração, o foco tende a voltar à empresa, mas não do mesmo modo que durante a Fase do Fundador. O mais provável é que agora a empresa familiar pertença a um grupo mais diverso de primos, irmãos, fundos patrimoniais e até alguns

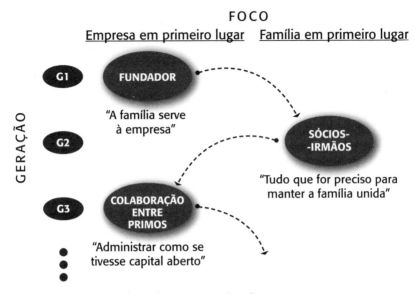

Figura 3.1 Oscilação no foco de empresas familiares entre gerações.

acionistas de fora da família. Muitas vezes, os primos estão espalhados pelo país ou pelo mundo. Talvez eles até não se conheçam bem e apenas alguns podem ter o interesse e/ou as habilidades suficientes para trabalhar na empresa.

A diversidade e complexidade da Fase da Colaboração entre Primos cria vários desafios para a família e os proprietários, e com eles os paradoxos correspondentes. Além disso, nessa fase quase sempre surge uma pressão para profissionalizar as operações. Esses fatores se combinam para criar um ímpeto natural por uma mudança de foco, de família em primeiro lugar na G2 para empresa em primeiro lugar na G3. Apesar da fase representar um eco da Fase do Fundador, a ênfase é diferente: na terceira geração, as empresas familiares mais astutas aprenderam que a ênfase excessiva na família ou na empresa é uma má ideia. Assim, elas buscam manter a atenção, os recursos e a ênfase centradas em **ambas**, família *e* empresa. Como observamos no Capítulo 1, as empresas familiares que têm sucesso nessa transição podem ser consideradas Famílias Empreendedoras (mais detalhes sobre o tópico no final deste capítulo).

A tendência da empresa familiar de alternar o foco de geração em geração está bem documentada na literatura. Quando essa oscilação natural chega aos extremos, ela pode ser traumática para os envolvidos. Por um lado, como a dinâmica é bastante previsível, a mudança de foco de empresa para família em primeiro lugar pode ser antecipada e gerenciada ativamente. Na verdade, quando bem gerenciados, esses paradoxos podem levar a uma síntese, ou busca simultânea de **ambos** os lados (família *e* empresa) e desempenhos superiores. Este capítulo analisa os paradoxos previsíveis que acompanham cada geração da empresa familiar, mostrando como as famílias costumam responder a cada um e como poderiam adotar uma gestão mais eficaz de tais paradoxos.

Paradoxos previsíveis: Fase do Fundador

Como o nome sugere, a Fase do Fundador é um fenômeno da primeira geração. Em alguns casos, no entanto, a *dinâmica* da fase não emerge até a segunda ou mesmo a terceira geração de uma família empresarial. Por exemplo, muitas vezes, grandes empreiteiros nascem de gerações anteriores de carpinteiros e grandes empresas de saúde evoluem a partir de famílias de médicos. A dinâmica da Fase do Fundador costuma envolver visão e risco tremendos, a criação de algo novo e significativo. Em geral, a fase está associada com um indivíduo poderoso e cheio de talento, mas também pode encontrar expressão em parcerias energéticas e visionárias ou até mesmo em grupos. A fase também inclui vários paradoxos previsíveis, que serão apresentados a seguir com o exemplo de uma empresa familiar específica.

Apresentando George e Suzanne Sample e a Sample Transportation

Este estudo de caso se baseia em uma empresa familiar real; fatos específicos foram alterados para proteger a identidade dos envolvidos.

George Sample nasceu em uma cidadezinha na região central do estado de Colorado em 1918. Um jovem curioso e inteligente, apaixonado por qualquer coisa sobre rodas, George passou seus primeiros anos trabalhando ao lado do pai na garagem nos fundos de casa, consertando bicicletas e equipamentos agrícolas. Os sonhos de George logo cresceram muito além da empresinha de fundo de quintal do pai: ele começou a trabalhar em uma oficina mecânica durante o dia enquanto terminava o ensino médio de noite. Aos 23 anos, George se casou com a namoradinha de infância, Suzanne, e abriu a própria oficina no centro da cidade. A Sample Automotive estava destinada a se tornar uma das maiores empresas familiares do Colorado.

Durante a década de quarenta, George e Suzanne mantiveram-se muito ocupados nas suas respectivas áreas da empresa e da família. George ficava pouco em casa, dando toda a sua atenção e energia à expansão da empresa. Durante as próximas duas décadas, a Sample Automotive passou de uma pequena oficina mecânica a uma grande empresa de manutenção de carros, caminhões e equipamentos agrícolas, e depois a uma concessionária de automóveis, sempre tirando vantagem de oportunidades de investimento em imóveis e outras propriedades. No começo dos anos sessenta, a empresa é rebatizada de Sample Transportation.

Enquanto a empresa se expandia, Suzanne cuidava da expansão da família Sample. Ela trabalhou muito para criar um ambiente carinhoso e seguro para os quatro filhos do casal: George Jr., Geri, Suzi e Louis. Ela insistiu que a família deveria jantar junta todas as noites, reunida em torno da mesa da cozinha na casa da família, construída atrás do escritório da empresa.

Fase do Fundador: paradoxos de negócios

Assim como muitos fundadores, George gostava de se manter no controle. Ele batalhava para contratar funcionários esforçados, mas sua confiança era difícil de conquistar. Por exemplo, todas as decisões importantes precisavam passar por ele. Mesmo depois que a empresa cresceu bastante e se dispersou geograficamente, George ainda tinha dificuldade para compartilhar informações ou decisões significativas, independente das habilidades ou da lealdade dos funcionários. Esse estilo administrativo deixava George em um estado de exaustão e sobrecarga perpétuas. De forma paradoxal, George provavelmente teria criado uma empresa mais forte se tivesse abrido mão de um pouco de controle e confiado mais nos outros. Ele não reconhecia o paradoxo controle *e* confiança, e não compreendia que os dois lados não eram opostos, mas sim elementos que apoiam um ao outro.

Ainda assim, o esforço, a visão e o apetite por riscos de George foram grandes vantagens nos primeiros anos da empresa, assim como seu talento para encontrar e aproveitar oportunidades. Em geral, ele demonstrava uma forte preferência por ser diligente em vez de paciente. O foco no crescimento levou-o a tomar decisões rápidas em vez de coletar mais informações, então às vezes era preciso fazer ajustes subsequentes para "limpar a bagunça". George não enxergava que uma abordagem mais ponderada teria levado a avanços ainda mais rápidos.

George desdenhava das pesquisas, uma característica comum entre os fundadores, e esse desdém era parte da sua abordagem ao paradoxo ação *e* planejamento. Como via o planejamento como uma ameaça a avanços rápidos, não um alicerce para o progresso sustentável, George liderava a empresa com um estilo "Preparar, apontar, fogo!", sempre furioso com qualquer tentativa de documentar políticas ou procedimentos. Para ele, sistemas fixos prejudicariam a habilidade da empresa de responder a oportunidades emergentes. George gostava de dizer que "nossas cabeças vão ficar tão enterradas em papel que não vamos olhar para os lados e ver o que está acontecendo no mundo real". Ele via os dois lados complementares do paradoxo ação *e* planejamento como exclusivos. Se tivesse reconhecido a necessidade de **ambos**, George teria ficado feliz em descobrir como o planejamento muitas vezes leva a atividades melhores. Além disso, ele teria visto como uma orientação à ação leva a um estilo de planejamento mais eficaz. Uma abordagem **Ambos**/*E* ao paradoxo ação *e* planejamento provavelmente teria ajudado a construir uma organização ainda mais forte e sustentável para a geração seguinte.

Na verdade, George tinha grande ambição: passar a empresa para os filhos. Entretanto, frente ao paradoxo de posse *e* orientação, ele sempre ficava com o primeiro. George enfatizava as oportunidades imediatas, não a construção de capacitações para o futuro. Apesar do tamanho e escopo enormes da Sample Transportation a essa altura, George ainda tinha o mesmo estilo de liderança da oficina de um homem só. Ele mexia em tudo e resistia ao planejamento e à confiança nos outros. A empresa dependia de George para todas as decisões, grandes e pequenas. Ironicamente, a tomada de decisões na Sample Transportation, supostamente dona de uma cultura de aproveitar oportunidades, ficou lentíssima. A dependência de George era um freio, a organização tinha pouca flexibilidade e a dificuldade de responder a eventos inesperados era cada vez maior.

Conscientizado dos paradoxos que estava enfrentando, George poderia ter reconhecido como sua preferência por velocidade e controle estava ameaçando a sobrevivência da organização no longo prazo. Em vez de achar que procedimentos e sistemas planejados com cuidado (parte de uma tendência por orientação) atrasam tudo, ele poderia ter reconhecido que esses elementos aumentam a capacidade da empresa de responder com rapidez no longo prazo.

Fase do Fundador: paradoxos familiares

Suzanne não percebia, mas também estava enfrentando paradoxos previsíveis na fase de fundador do seu próprio domínio, a família. Um dos paradoxos mais comuns que todas as famílias enfrentam, tenham ou não empresas, é raízes *e* asas. Famílias saudáveis dão um bom alicerce para os filhos ao mesmo tempo que os encorajam a explorar o mundo de maneira independente, a aprender, testar e fortalecer suas habilidades individuais. Assim, um erro muito comum das famílias nessa fase é enfatizar as raízes e desprezar as asas.

Pense na família Sample. George cresceu com um nível de liberdade incrível. Essa liberdade permitiu que ele fundasse suas pequenas empresas iniciais, as precursoras da grande Sample Transportation. Entretanto, parece que George esqueceu os benefícios daquela experiência. Assim como buscava tomar e supervisionar todas as decisões de negócios, George exercia um controle tremendo dentro da família, levando a um foco extremo nas raízes em relação às asas.

A família praticamente não viajava nem tirava férias, pois George não conseguia se afastar da empresa. Ele também tinha poucos interesses, hobbies ou atividades que não fossem relacionados com a empresa. Por exemplo, apesar de ele gostar de pescar trutas com os clientes, ele nunca reservava tempo para pescar com os filhos e não tinha paciência para pescar sozinho. Para madrugar no trabalho, George ia dormir cedo todas as noites em vez de passar seu tempo em casa, ou em atividades com a família, ou socializando com os amigos. O resultado é que os filhos ficavam perto de casa, brincando juntos no quintal. Quando George Jr. e Geri, os dois mais velhos, aprenderam a ler e escrever, George passou a levá-los ao escritório quase todos os sábados. Os dois brincavam juntos o dia inteiro no escritório, inventando jogos associados à empresa (e gastando bastante material de escritório).

Quando chegaram ao ensino médio, não havia dúvida de que George Jr. e Geri trabalhariam na empresa. George Jr. ajudava na loja, ainda que não parecesse ter o mesmo talento natural do pai com carros. Ele idolatrava o pai e adorava o tempo que passavam juntos. Ela arquivava documentos e atendia o telefone. Geri aprendia rápido e era excelente com números, rápida e precisa. O contador da Sample Transportation enxergou esse talento e decidiu ser mentor da menina, ensinando-a os elementos básicos das práticas de pagamento e contabilidade da empresa. Os dois filhos mais velhos estavam gostando de se tornar parte da empresa e a mãe, Suzanne, ficava muito feliz em vê-los passar tanto tempo com o pai.

Fase do Fundador: resumo

A Figura 3.2 resume os paradoxos fundamentais da Sample Transportation e da maioria das empresas familiares durante a G1 ou Fase do Fundador. A família é apreciada e valorizada durante essa fase, mas a estratégia geral claramente coloca a empresa em primeiro lugar. O fundador quase sempre tem uma visão claríssima do futuro e nada é suficiente para alcançá-la. Além disso, ele prefere a ação ao planejamento. Essa orientação leva o fundador a tomar decisões com rapidez, enfatizando a pressa e não a paciência. Como é motivado por essa visão pessoal, muitas vezes fonte de tremendos sucessos, o fundador tende a preferir o controle e não a confiança, e quer fazer tudo por conta própria. O controle pode produzir resultados incríveis, mas também cria problemas óbvios quando levado ao extremo.

Ironicamente, o fundador normalmente é mais dono do que guia da empresa: ele se concentra mais nos resultados de curto prazo e na solução de problemas, em detrimento de sistemas e estruturas necessários

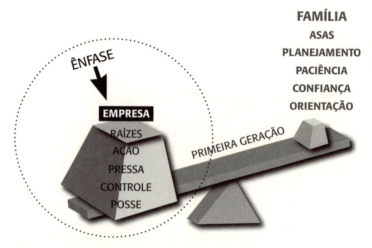

Figura 3.2 Paradoxos fundamentais da Fase do Fundador.

para perpetuar a organização no longo prazo. Finalmente, com relação à família, a tendência em direção ao controle assume a forma da ênfase em raízes e não asas. Todos esses paradoxos são caracterizados por dois lados, um dos quais o fundador prefere muito mais do que o outro. Quando o fundador busca o valor preferido e ignora sua contraparte, os problemas que emergem são previsíveis. Se a família Sample entendesse melhor os paradoxos das empresas familiares, ela saberia dar ênfase consciente a **ambos** os lados do paradoxo.

Como demonstra o exemplo da família Sample, a G1, a primeira geração, tende a colocar a empresa em primeiro lugar. Normalmente, o foco muda durante a transição para a G2, quando os irmãos adotam uma abordagem que tende a colocar a família em primeiro lugar.

Paradoxos previsíveis: Fase dos Sócios-Irmãos

A Fase dos Sócios-Irmãos é a segunda no modelo de gerações da empresa familiar. Antes de explorar os paradoxos comuns a esse período, precisamos observar a dinâmica típica da fase. O maior desafio envolve determinar as abordagens de liderança e tomada de decisões. O alto valor dado à igualdade dos irmãos torna esses aspectos mais complexos, pois a maioria logo se sente desconfortável quando um tenta exercer poder. O grito de "você não é o meu chefe!" é comum e sincero. Entretanto, se nenhum irmão for chefe do outro, quem toma as decisões? Quem estabelece a direção?

A dinâmica da Fase dos Sócios-Irmãos costuma representar um contraste extremo com a Fase do Fundador, na qual um líder poderoso e visionário está no comando absoluto da organização. Assim como na Fase do Fundador, a fase G2 assiste ao surgimento de um conjunto previsível de paradoxos (ver Figura 3.3). Além disso, as preferências do fundador (controle acima de confiança, ação acima de planejamento, pressa acima de paciência, posse acima de orientação e raízes acima de asas) também cria um conjunto previsível de pontos fortes e fracos que precisam ser abordados pelos irmãos na família e na empresa.

Os irmãos da Sample Transportation

Depois de completar o ensino médio, os dois irmãos mais velhos, George Jr. e Geri Sample, foram trabalhar na empresa e fazer faculdade de noite, seguindo o exemplo do pai. Suzanne e George ficaram surpresos quando a terceira filha, Suzi, expressou interesse em sair de casa e fazer faculdade em Denver, mas concordaram com o pedido. Louis, o caçula da família, se apaixonou pelo trompete depois de ouvir os velhos discos de Duke Ellington da mãe. Ele foi para Denver junto com Suzi assim que terminou o colégio, com a ideia de estudar música. No começo, Louis foi repreendido pelos pais por essa decisão, mas a presença de George Jr. e Geri no escritório e sua obediência geral acabaram dando cobertura para os dois irmãos mais jovens.

Para a família Sample, a transição para a Fase dos Sócios-Irmãos foi súbita e difícil. George, que sempre colocara a saúde da empresa acima da própria, teve um ataque cardíaco inesperado aos 50 anos. George Jr. tinha apenas 27, mas trabalhava na empresa em tempo integral havia quase dez anos. Júnior, como era conhecido, se sentia pronto, disposto e capaz de assumir o lugar do pai. Ele trabalhava como assistente do pai, papel no qual participava de todas as reuniões e eventos importantes ao lado de George. Ele nunca administrara um departamento por conta própria, mas entendia todas as áreas da empresa e todo mundo o conhecia.

Geri também estava na empresa havia quase dez anos naquela época. Ela assumira responsabilidade absoluta por vários departamentos, supervisionando grandes quantidades de funcionários e enfrentando com maestria os altos e baixos do atendimento ao cliente e da administração. Os colegas tinham um respeito tremendo por Geri. A capacidade dos dois de assumir o lugar de George foi uma grande fonte de consolo para Suzanne.

Fase dos Sócios-Irmãos: paradoxos de negócios

Quando Júnior e Geri assumiram o comando da Sample Transportation, os dois precisaram enfrentar uma grande questão: se e como mudar o caminho estabelecido por George. No princípio, os dois irmãos tentaram fazer tudo "que nem Papai". Por exemplo, Júnior se mudou para o escritório do pai e começou a abordar as decisões da maneira controladora, rápida e desestruturada que o pai aperfeiçoara. Assim como o pai, Júnior buscava oportunidades de expansão com energia, assumindo os mesmo riscos que sabia que o pai assumiria.

Com a liderança, os dois irmãos começaram a conhecer mais de perto os diversos negócios que compunham a Sample Transportation. Era um quadro marcante: vários tinham problemas de desempenho e rentabilidade. A resistência de George a computadores, sistemas e procedimentos levara, com o passar dos anos, a um nível significativo de desorganização. Assim, Júnior e Geri se sentiam pressionados a causar uma reviravolta imediata. Eles continuaram a tomar decisões sem consultar os outros, coletando poucas informações para apoiar suas ações. Por exemplo, eles mergulharam na compra de novas tecnologias que acabaram agravando alguns problemas. Principalmente porque os irmãos Sample adotaram um estilo administrativo semelhante ao do pai, com ênfase em ações rápidas, controle e pressa, apenas um ano depois da transição, todas as divisões da empresa estavam passando dificuldade.

Frente a esse declínio, os irmãos decidiram adotar uma abordagem muito diferente: o exato oposto do que o pai faria. Para ser específico, eles se forçaram a confiar mais nos outros. Os irmãos começaram a dar autonomia a funcionários não familiares para que tomassem decisões independentes. Por exemplo, eles passaram o controle de todas as decisões de informática para o supervisor da oficina, que não era membro da família. "Ninguém entende mais do negócio que você", disseram os irmãos. "Faça o que você acha que faz sentido. Nós não vamos nos meter."

Infelizmente, a nova abordagem mais distante também deu errado. Nenhum membro da organização estava acostumado à abordagem descentralizada e de "autonomização"; em parte por causa disso, os funcionários não tinham as habilidades ou a experiência necessárias para tomar decisões. Os sinais estavam por toda parte. As reuniões para decidir sobre equipamentos de informática eram intermináveis. Os funcionários passavam horas e horas com planejamento de projetos e coleta de dados. A oficina mecânica não tinha controles e sistemas de informática básicos. Ninguém tinha responsabilidade clara e definitiva nos projetos, então ninguém era responsável pelos fracassos.

Por fim, depois de noves meses totalmente improdutivos, os irmãos perceberam que seria preciso preservar as forças tradicionais da empresa e, ao mesmo tempo, complementá-las com novas abordagens. Eles precisavam fazer **ambos**. O primeiro passo foi refletir sobre as dificuldades que enfrentaram na posição de novos líder de uma empresa familiar. Primeiro, eles tentaram administrar tudo exatamente como o pai, pois a abordagem ajudara a expandir a empresa com rapidez. A estratégia dos irmãos enfatizava, exagerava e expandia os pontos fracos inerentes à abordagem original de George (por exemplo, a desorganização), o que colocava em risco o sucesso presente e futuro da empresa.

Em resposta, os irmãos tentaram a abordagem oposta. Onde o pai era controlador, os dois mostrariam confiança. Onde o pai agia rápido e por instinto, sem um plano claro e baseado em dados, eles seriam pacientes e cuidadosos. Infelizmente, a mudança radical levou a indecisão, coleta de dados sem sentido e muito planejamento e análise inúteis.

Finalmente, os irmãos formularam uma abordagem que enfatizava **ambos**. Eles começaram com um plano estratégico simples que identificar as três ou quatro áreas que representavam as maiores oportunidades para melhoria. Eles envolveram um grupo seleto de líderes fortes no processo, pessoas de fora da família. A estratégia resultante unificou a equipe de liderança e estabeleceu uma direção clara, com papéis bem delineados, responsabilidades e processos de tomada de decisão. O plano estratégico representava o paradoxo de nuclear e oportunista, levando a duas perguntas essenciais: Até que ponto a Sample Transportation daria atenção a áreas bem estabelecidas e altamente planejadas, parte do núcleo da identidade, experiência e do conhecimento da empresa? Por outro lado, até que ponto a empresa buscaria áreas mais "oportunistas" (em outras palavras, menos estabelecidas, menos planejadas e menos diversificadas)? O grupo determinou que a única maneira de aproveitar essas oportunidades seria fortalecer o núcleo. Para ser específico, a empresa precisa se tornar mais profissional, com o uso mais consistente de sistemas e processos.

O processo de planejamento estratégico demonstrou vários problemas comuns relativos a paradoxos na Fase dos Sócios-Irmãos. Primeiro, ele mostrou a preferência por um foco nos elementos do *core business*, ao contrário da preferência por elementos oportunistas na Fase do Fundador. A ênfase do grupo em sistemas e procedimentos mostrou a preferência por processos, ao contrário da forte preferência por tarefas na fase anterior. Finalmente, a decisão dos irmãos de delegar mais responsabilidades para executivos não familiares demonstrou a preferência por abordagens coletivas e não individuais na Fase dos Sócios-Irmãos.

Um último exemplo de paradoxo dessa fase: o irmão e a irmã decidiram administrar a empresa em equipe, atuando como "co-CEOs" em vez de determinar qual merecia exercer o cargo sozinho. Nesse caso, os irmãos tinham habilidades complementares: os funcionários gostavam da experiência direta de Geri e de sua capacidade de gerenciar grandes grupos, assim como do conhecimento de Júnior sobre todos os aspectos da empresa e sobre seus clientes. A abordagem geral à ideia de coliderança reflete a tendência típica da Fase dos Sócios-Irmãos de colocar a igualdade acima do mérito.

Fase dos Sócios-Irmãos: paradoxos familiares

Júnior e Geri eram muito diferentes dos pais com relação ao modo como equilibravam a vida no trabalho *e* em casa, e estabeleciam as prioridades da família. Ambos definiam limites específicos para o tempo passado no trabalho. Júnior tomava café da manhã com os filhos quase todos os dias manhãs e treinava suas equipes de futebol e basquete. Geri não tinha filhos, mas era bastante ativa na igreja e na comunidade, e fazia cruzeiros marítimos todos os anos. A ausência do pai durante suas infâncias motivava o foco dos irmãos no equilíbrio vida-trabalho. Na verdade, frente ao paradoxo trabalho *e* lar, eles escolhiam o segundo e não o primeiro, especialmente depois de estabelecerem um grupo de gestão mais profissional para administrar a empresa na sua ausência.

A saúde de George nunca se recuperou o suficiente para que voltasse à empresa, apesar dele continuar a receber seu salário e benefícios originais. Com o tempo, George aceitou bem o fato de que a liderança da empresa passara para os dois filhos mais velhos. Entretanto, Suzanne e ele ainda tinham algumas decisões importantes a tomar, especialmente com relação à divisão da empresa entre os quatro filhos. Os dois estavam frente a frente com o paradoxo mérito *e* igualdade.

Lembre-se de que Suzi e Louis, os dois irmãos mais novos, moravam em Denver, a cerca de 100 quilômetros da cidade natal da família. Eles nunca se envolveram com a Sample Transportation e ficavam felizes em deixar a gestão da empresa para Júnior e Geri. Entretanto, com o passar dos anos e o crescimento da família, os estilos de vida das duas duplas de irmãos foram ficando cada vez mais diferentes. As carreiras de Suzi e Louis (professora e músico, respectivamente) geravam rendas modestas. Júnior e Geri, enquanto isso, tinham cada vez mais sucesso nos negócios, moravam em casas grandes, dirigiam carros de luxo da empresa e participavam de feiras e conferências em lugares exóticos várias vezes por ano. Não é surpresa que o clima das reuniões familiares começou a ficar tenso durante as festas e os aniversários. Louis e Suzi fizeram algumas perguntas difíceis aos pais e irmãos: Eles aproveitariam os benefícios financeiros da empresa algum dia? Precisariam trabalhar lá para ganhar alguma coisa? Aliás, eles teriam a oportunidade de conseguir um emprego na Sample Transportation?

Em resposta, Geri e Júnior deixaram claro que estavam dispostos a dar aos irmãos mais novos a chance de trabalhar na empresa. Depois de muita reflexão, nem Suzi nem Louis quiseram voltar para casa. Eles perceberam que seus talentos e interesses eram diferentes e não se encaixavam com uma carreira no mundo dos negócios ou com uma cidade pequena. Ainda assim, a conversa sobre o emprego dos irmãos abriu uma conversa honesta sobre a divisão da propriedade entre eles. George e Suzanne tinham um testamento simples, mas ainda não haviam enfrentado todas as decisões de planejamento do inventário que estavam pela frente. Durante a Fase do Fundador, George se concentrara em administrar e expandir a empresa (posse), não em passá-la para uma nova geração (orientação). A pedido dos filhos, o casal completou o planejamento do inventário. Suzanne convenceu o marido a dividir a empresa igualmente entre os quatro filhos, 25% para cada um. A ideia combinava com sua filosofia familiar, que em linhas gerais enfatizava a qualidade acima do mérito, em termos de decisões relativas aos filhos.

Fase dos Sócios-Irmãos: resumo

Os dois irmãos Sample mais velhos demonstraram níveis impressionantes de dedicação, habilidade e trabalho em equipe ao assumirem a liderança da empresa depois da saída súbita de George. Com o passar dos anos, eles precisaram enfrentar o desafio dos paradoxos típicos da Fase dos Sócios-Irmãos. A Figura 3.3 resume a situação. Em ge-

Figura 3.3 Paradoxos fundamentais da Fase dos Sócios-Irmãos.

ral, contrários à preferência paterna por uma abordagem que coloca a empresa em primeiro lugar, os irmãos muitas vezes enfatizavam a família. Em termos estratégicos, eles se concentraram no núcleo, não em abordagens oportunistas. A abordagem administrativa dava preferência a processos e não a tarefas. Nas tomada de decisões, a tendência era favorecer abordagens coletivas e não individuais. Na propriedade (e gestão) da empresa, eles colocavam a igualdade acima do mérito. Em termos das famílias, o lar era mais importante que o trabalho. Mais uma vez, ambos os lados têm seu valor em todos esses paradoxos. Entretanto, os irmãos tendem a preferir um lado e não o outro, muitas vezes escolhendo o oposto do que os pais fizeram na Fase do Fundador.

Paradoxos previsíveis: Fase da Colaboração entre Primos

O genograma, ou árvore genealógica, é uma ferramenta muito útil para entender a composição e a dinâmica da família através das gerações. Juntamente com seus esposos(as) e filhos, cada irmão e irmã compõe um "ramo" individual da família Sample, como vemos na Figura 3.4. O genograma também oferece um contraste visual óbvio entre as fases dos sócios-irmãos e entre primos de colaboração.

Como sugere o genograma, os sócios-irmãos (G2) costumam ser um grupo menor e mais simples que os primos (G3). Por consequência, as relações entre irmãos tendem a ser menos complicadas, mas mais intensas, pois o menor tamanho do grupo (quatro irmãos na G2, *versus* nove primos na G3) potencializa as dinâmicas interpessoais. Aliada à

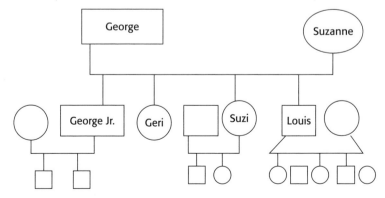

Figura 3.4 Árvore genealógica da família Sample.

rivalidade natural entre a maioria dos irmãos, essa característica gera desafios de cooperação mais significativos na Fase dos Sócios-Irmãos, pois irmãos e irmãs sabem irritar uns aos outros melhor do que ninguém. Anos de prática!

A Fase de Colaboração entre Primos, por outro lado, envolve um grupo consideravelmente maior e apresenta um conjunto de desafios muito diferente. Por exemplo, o grupo de primos típico contém uma variedade de pontos de vista e abordagens mais ampla que a maioria dos grupos de irmãos. Entretanto, por ser maior, o grupo de primos tende a ser menos intenso que o de irmãos, pois a quantidade de indivíduos envolvidos reduz e torna mais difusa a intensidade emocional dos relacionamentos. Além disso, caso o grupo de primos aprenda a honrar sua diversidade interna e aproveitar a complexidade, ele pode se tornar uma força imbatível.

Muitos conflitos na transição dos irmãos para os primos são iguais, independente do local ou setor da empresa. Muitos familiares enfrentam vários paradoxos comuns, como veremos na continuação do estudo de caso da família Sample.

A Sample Transportation se prepara para os primos

Quinze anos no futuro. A família cresceu e profissionalizou a empresa, que está prosperando. Geri e Júnior continuam a liderar a Sample Transportation e os quatro irmãos continuam proprietários. A nova geração inclui nove primos, de 2 a 22 anos de idade. Cerca de metade mora na cidadezinha natal da família, o resto em Denver. George e Suzanne estão morando na Flórida, aposentados e felizes, completamente independentes da empresa.

Os quatro irmãos Sample estão comprometidos com uma transição de sucesso para a geração dos primos. Sob a liderança de Geri, eles decidiram se juntar ao Centro de Empresas Familiares da universidade local, onde participam de reuniões e fóruns educativos. Uma das práticas adotadas é a realização de reuniões periódicas para compartilhar informações. O grupo quase nunca toma decisões importantes durante as reuniões. Na verdade, os irmãos ainda não haviam votado em nada específico. Em vez disso, as reuniões quase sempre consistiam nos irmãos mais velhos atualizando os outros dois sobre eventos significativos dentro da empresa. Os mais jovens seguiam suas recomendações e quase nunca questionavam ou desafiavam os mais velhos.

Mas a dinâmica da reunião dos irmãos mudou quando vários primos da G3 fizeram 18 anos. A essa altura, os dois filhos de Júnior eram estagiários promissores na empresa. Os filhos de Suzi e Louis, por outro lado, não estavam expostos ou envolvidos com a empresa, em parte porque moravam mais longe. Nesse contexto, os dois irmãos mais jovens começaram a falar sobre a preocupação com os filhos. Eles admitiram um para o outro que, até então, estavam contentes em aceitar a posição de "estranhos". Entretanto, eles estavam preocupados com a dinâmica emergente para seus filhos. Assim, na reunião seguinte, Suzi e Louis tinham várias perguntas e preocupações para os irmãos mais velhos, a maioria das quais girava em torno dos paradoxos previsíveis da Fase de Colaboração entre Primos.

Fase da Colaboração entre Primos: paradoxos de negócios

Suzi e Louis fizeram as primeiras perguntas em janeiro, quando Júnior e Geri apresentaram seu relatório tradicional sobre o desempenho financeiro do ano anterior. Logo depois da apresentação, os irmãos mais jovens questionaram a prática de reinvestir todos os lucros na própria empresa. Eles lembraram que os irmãos mais velhos ganhavam salários generosos, mas Suzi e Louis não ganhavam um centavo com sua parte da empresa. Quando começariam a receber dividendos? Suzi e Louis aceitavam suas funções na empresa, mas expressavam um forte desejo por uma situação diferente para os filhos. Para ser específico, na Fase de Colaboração entre Primos, eles queriam ver alguma oportunidade para colher o valor que fora construído nas últimas duas gerações. Eles queria beneficiar os filhos, não ver a empresa reinvestir todo o retorno em si mesma. É o paradoxo de colher *e* investir.

Outras questões estavam em jogo. Suzi e Louis estavam frustrados com a falta de informações sobre a empresa. Eles gostavam das apresentações periódicas dos irmãos mais velhos, mas reclamavam de como Geri e Júnior mantinham um política rígida de segredo sobre os detalhes da empresa, especialmente sobre os aspectos financeiros. Os mais velhos defendiam que manter a confidencialidade de informações importantes, especialmente dos concorrentes de capital aberto, era uma das grandes vantagens competitivas da Sample. Assim, eles se preocupavam com a possibilidade dos irmãos mais novos vazarem as informações por acidente, o que reduziria essa vantagem. Além disso, como os irmãos mais novos não tinham experiência com o mundo dos negócios, os mais velhos achavam que eles poderiam entender ou interpretar errado os valores. Logo, Júnior e Geri mantinham segredo sobre os detalhes dos próprios salários e benefícios, e queriam perpetuar essa política na terceira geração. Em geral, eles estavam preocupados com a possibilidade de um grande número de primos serem descuidados com informações confidenciais e prejudicarem a empresa. Essas questões são um exemplo do paradoxo privacidade *e* transparência; os irmãos mais velhos valorizavam a primeira, os mais jovens ansiavam pela segunda. Claramente, **ambas**, privacidade *e* transparência, tinham seu lugar, mas existem maiores vantagens em encontrar maneiras de honrar ambos os conceitos.

Os irmãos mais novos levantaram outras questões. As decisões importantes sobre a empresa sempre foram tomadas por quem trabalhava nela, sem qualquer processo para envolver todos os quatro proprietários. Os dois irmãos mais velhos apresentavam informações sobre fatos importantes para os mais jovens por uma questão de cortesia, e o apoio de Suzi e Louis era ponto pacífico. Por exemplo, nunca houve uma votação formal sobre as principais decisões da empresa, como a construção de uma nova sede ou a venda de uma divisão que estava dando prejuízo. Os irmãos mais velhos simplesmente partiam do pressuposto que os mais novos não tinham opiniões fortes sobre o assunto e seriam consistentes em seu apoio. No passado, a abordagem funcionou bem. Mas agora a família estava se preparando para um grupo mais amplo de primos que compartilhariam a propriedade da empresa, e os caçulas sentiam que uma abordagem formal ao processo de tomada de decisões seria benéfica. Enquanto isso, quem trabalhava na empresa não via necessidade de substituir o processo de consenso informal usado até então. A questão é um exemplo do paradoxo formal *e* informal.

Uma outra questão estava emergindo, dessa vez relativa ao grupo de proprietários. Quem trabalhava na empresa achava que os donos deviam falar em uníssono, sempre, e superar suas diferenças internas. Na verdade, eles prefeririam um modelo que concentrasse o poder votante na liderança. Júnior e Geri sabiam muito bem que um grupo de proprietários com múltiplos interesses distintos poderia ser uma grande complicação para o processo de gestão. Assim, os irmãos mais velhos tendiam a enfatizar o poder do consenso, representado pela sua liderança, dentro da família como um todo. Suzi e Louis, por outro lado, tinham muito respeito pela diversidade dos ramos familiares e suas respectivas necessidades. Os dois buscavam chances de acomodar as prioridades divergentes de cada família. Eles também sentiam que passaram muitos anos aceitando a palavra dos mais velhos em prol da unidade e não queriam ver a mesma atitude dos próprios filhos. É o paradoxo família unida *e* ramos individuais.

Fase da Colaboração entre Primos: paradoxos familiares

A família também tinha diferenças relativas ao *status* "de dentro" e "de fora". Por exemplo, Suzi e Louis sempre foram grandes defensores da liberdade individual. Eles saíram da cidadezinha natal e fizeram a vida na "cidade grande". Nenhum se arrependia dessa opção, apesar dela ter distanciado os dois do resto da família. Júnior e Geri, por outro lado, davam mais valor à lealdade. Ao contrário dos irmãos mais novos, eles ficaram em casa, fizeram sacrifícios e aceitaram meios-termos para beneficiar a empresa e, na visão dos dois, a família. Assim, eles tinham uma tendência maior a enfatizar a ideia de uma família com foco mais unitário (principalmente em defender a empresa). Por muitos anos, os irmãos sempre lidaram com essas diferenças, baseadas no paradoxo liberdade *e* lealdade, conforme elas foram surgindo. Com a emergência da nova geração, entretanto, as duas duplas se sentiram forçadas a defender os benefícios de cada posição. Por exemplo, os ramos da família se preocupavam com a ideia dos outros imporem seus valores aos filhos e sentiam a obrigação de se proteger contra essa possibilidade.

Fase da Colaboração entre Primos: resumo

Enquanto os irmãos preparavam a transição para os primos, a dinâmica "dentro-fora" deu origem a novos paradoxos. Como mencionamos anteriormente, quem trabalhava na empresa queria continuar a investir os recursos disponíveis no próprio negócio, enquanto quem estava de fora buscava iniciar oportunidades de colheita ou desinvestimento, com distribuições ou outros benefícios para os proprietários. Em termos de filosofia de gestão, quem não trabalhava na empresa buscava mais transparência, enquanto os outros queriam preservar a abordagem atual, mais orientada à privacidade. Na tomada de decisões, os "de dentro" tendiam a preferir a prática tradicional, de decisões informais e consensuais (lideradas pelos próprios), enquanto os "de fora" queriam abordagens mais formais e baseadas em votações. A Figura 3.5 resume a situação.

Dadas essas divergências, uma dinâmica que fora estável e produtiva para os irmãos começou a desmoronar quando seus filhos se tornaram

90 Identificando Ambos

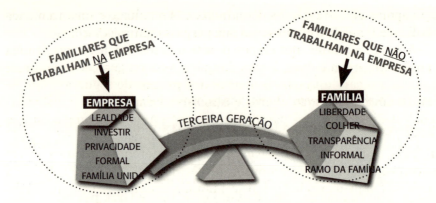

Figura 3.5 Paradoxos fundamentais da Fase da Colaboração entre Primos.

uma parte mais importante do contexto familiar e empresarial. Nessa situação, o conceito de paradoxo é uma boa maneira de pensar sobre as diferenças de perspectiva entre quem trabalha e quem não trabalha na empresa. Como mostra a Figura 3.5, os conflitos entre esses pontos de vista geram tensões na família e na empresa. Quando pensamos no quadro geral, é importante entender que esses grupos tendem a ter preferências distintas, baseadas em experiências divergentes. Nenhuma perspectiva está certa ou errada; na verdade, conquistar a compreensão e respeito pelo ponto de vista do outro grupo apenas fortalece as respostas e relacionamentos dos ramos da família.

A Família Empreendedora

A Família Empreendedora é aquela que passou várias gerações de propriedade e administração de uma empresa familiar, lidando sempre com muita eficácia com a complexidade crescente.[4] Por várias gerações, a Família Empreendedora sentiu a pressão de escolher uma abordagem que coloca a família ou a empresa em primeiro lugar e aprendeu a reconhecer que, por si só, nenhuma das duas está correta. **Ambas** perspectivas são necessárias para garantir a continuidade da empresa. Com o passar do tempo, a Família Empreendedora encontrou maneiras de validar **ambas**, família *e* empresa, em grande parte por ser proativa na hora de enfrentar os muitos paradoxos que surgiram no caminho. As Famílias Empreendedoras têm as estruturas e a perspicácia necessárias para apoiar **ambos** os lados do paradoxo. O resultado é uma tremenda vitalidade familiar e empresarial que perpassa várias gerações.

A família Sample, por exemplo, tem o potencial de se tornar uma Família Empreendedora, à medida que a terceira geração amadurece e prepara o caminho para a quarta, dos primos de segundo grau. Se continuarem o diálogo aberto e buscarem compreender e valorizar todas as dimensões dos paradoxos que enfrentam, os Sample estarão construindo o alicerce para continuidade de longo prazo. Se, por outro lado, se tornarem inflexíveis em suas preferências e continuarem a correr de um lado para o outro, preferindo soluções que colocam a empresa em primeiro lugar hoje e a família amanhã, eles estarão arriscando a capacidade de executar uma transição harmônica e eficaz para a nova geração.

Voltando ao modelo de oscilação que apresentamos no começo do capítulo, o foco da quarta geração da Família Empreendedora é **ambos**, como vemos na Figura 3.6. Na quarta fase do modelo, a Família Empreendedora desenvolve estruturas e processos que engajam e se beneficiam do envolvimento ativo de toda família, independente de cada

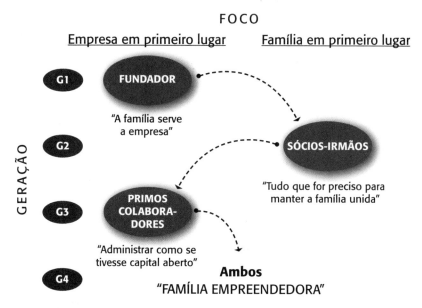

Figura 3.6 Oscilação geracional e a Família Empreendedora.

indivíduo trabalhar na empresa ou não. Nela, todos os ramos se reúnem sob uma mesma visão, a da "Família Unida".

Paradoxos geracionais: análise final

O exemplo da família Sample é uma excelente demonstração dos paradoxos que acompanham cada geração de uma empresa familiar, do fundador aos sócios-irmãos aos primos colaboradores. Na Fase do Fundador, a preferência natural é por uma atitude que coloca a empresa em primeiro lugar: a dedicação do fundador à empresa e à sua visão, a engenhosidade e o trabalho incansável costumam levar a uma ênfase consistente em controle, pressa e ação. Na Fase dos Sócios-Irmãos, o foco oscila e coloca a família em primeiro lugar, compensando o estilo anterior. Irmãos e irmãs enfrentam a necessidade por **ambas**, tradição *e* mudança; em geral, sua administração é caracterizada pela ênfase em processos coletivos e igualdade, assim como um forte comprometimento com o lar e a família. Passando para a Fase da Colaboração entre Primos, vemos que as preferências relativas a paradoxos são moldadas pelo envolvimento de cada indivíduo com a empresa, enquanto familiar-gestor, proprietário ou ambos.

A Figura 3.7 resume os principais paradoxos apresentados nas Figuras 3.4, 3.5 e 3.6 discutidas neste capítulo. Observe que em cada coluna, a Figura 3.7 coloca o lado do paradoxo que enfatiza a empresa na esquerda e o que enfatiza a família na direita. Como vimos, na G1, o

		Gerações		
		Primeira	Segunda	Terceira
Principais áreas de impacto	Prioridades familiares	**Raízes** e asas	Trabalho e **lar**	**Lealdade** e liberdade
	Escolha estratégica	**Ação** e planejamento	Oportunista e **nuclear**	**Investir** e colher
	Filosofia de gestão	**Pressa** e paciência	Tarefa e **processo**	**Privacidade** e transparência
	Tomada de decisão	**Controle** e confiança	Individual e **coletivo**	**Formal** e informal
	Foco dos proprietários	**Posse** e orientação	Mérito e **igualdade**	**Família unida** e ramos individuais

Figura 3.7 Resumo dos paradoxos geracionais.

fundador mostra uma forte preferência pelo lado do paradoxo que coloca a empresa em primeiro lugar (em **negrito** na Figura 3.7). Na G2, os irmãos demonstram a preferência pelo lado do paradoxo que coloca a família em primeiro lugar (também em **negrito** na Figura 3.7). Na G3, o lado preferido do paradoxo depende do familiar trabalhar ou não na empresa. Quem trabalha nela tende a preferir o lado do paradoxo que coloca a empresa em primeiro lugar (a parte esquerda do diagrama), enquanto quem não trabalha nela prefere o lado que coloca a família em primeiro lugar (a parte direita do diagrama).

A Figura 3.7 também classifica cada paradoxo de acordo com sua principal área de impacto. Em cada geração, os paradoxos principais são categorizados como relativos principalmente a prioridades familiares, escolha estratégica, filosofia de gestão, tomada de decisão ou foco dos proprietários.

O quadro geral apresentado pela Figura 3.7 é abrangente, mas seu escopo não é absoluto. Muitas empresas familiares passam por paradoxos que não se encontram nessa lista, ou enfrentam os paradoxos da lista de um modo que não se encaixa perfeitamente com os parâmetros da figura. A ideia da figura, e da cronologia da família Sample neste capítulo, não é ser o ponto final da conversa. Esperamos que elas sirvam como ponto de partida, uma inspiração para explorar os paradoxos que afetaram o passado, presente e futuro da sua família.

Desse modo, os materiais apresentados aqui podem ajudar a desmistificar a evolução das empresas familiares, especialmente com relação aos paradoxos geracionais enfrentados. O conhecimento pode apoiar a evolução da família empresarial e sua transformação em Família Empreendedora.

4

Conflitos Previsíveis nas Intersecções

O famoso consultor Peter Drucker admirava Mary Parket Follett e a considerava uma das profetas da administração moderna.

> Como o conflito – a diferença – é parte do mundo, é impossível evitá-lo. Creio que deveríamos usá-lo. Em vez de condená-lo, deveríamos fazê-lo trabalhar para nós (...) é possível pensar no conflito como não necessariamente um surto prejudicial de incompatibilidades, mas um processo normal pelo qual diferenças socialmente valiosas marcam sua presença para o enriquecimento de todos os envolvidos (...) o conflito, enquanto momento da aparição e foco das diferenças, pode ser um sinal de saúde, uma profecia do progresso.[1]
>
> Mary Parker Follett, consultora e pensadora da administração

Na década de vinte, Follett explorou o conflito saudável dentro das organizações como uma fonte da energia necessária para mudanças. Seu conselho coincide com as práticas de muitas empresas familiares: é melhor reconhecer que o conflito é algo natural, utilizá-lo e até mesmo vê-lo como uma "profecia do progresso". As empresas familiares sabem que atacar de modo consciente o conflito inerente a um problema leva a um entendimento mais aprofundado e a resultados superiores.

De dois sistemas para três

Um paradoxo fundamental inerente às empresas familiares é que as famílias tendem a ser socialistas, enquanto as empresas têm os pés firmes no capitalismo, como vimos no Capítulo 1. As empresas familiares precisam enfrentar essa mistura conflitante de ideologias. Para complicar ainda mais a situação, é provável que durante a segunda e a terceira gerações, os dois sistemas de família e empresa evoluam e formem três subsistemas: família, gestão e propriedade. Os três subsistemas são conhecidos como o modelo dos três círculos do sistema de empresas familiares, criado por Davis e Tagiuri em 1982.[2] Gestão e propriedade emergem do sistema empresarial, movido pela dinâmica natural e mutante de uma empresa em crescimento. Por exemplo, alguns familiares começam a se considerar mais donos do que gestores. Ou a equipe de gestores começa a incluir mais executivos de fora da família em cargos importantes. Ou a propriedade é dividida de modo mais amplo entre os familiares. A Figura 4.1 mostra como os dois subsistemas evoluem e se transformam em três.

Os três subsistemas distintos que encontramos nas empresas familiares criam problemas e oportunidades nas intersecções, as partes sobrepostas nos três círculos da figura. A maioria dos problemas enfrentados por empresas familiares nascem dessas intersecções ou dos padrões geracionais descritos no capítulo anterior, e não de parentes individuais. Entender que a maioria dos problemas é comum e situacional, não exclusivo e pessoal, ajuda as famílias a enfrentá-los e superá-los com mais sucesso. Também ajuda quando as famílias reconhecem que os conflitos criados pelas intersecções do sistema são compostos de contradições e, muito provavelmente, paradoxos.

Quando os problemas são identificados como paradoxos, é possível aplicar as técnicas e raciocínios tradicionais para utilizar o poder que eles contêm, fortalecendo os laços familiares e o desempenho da empresa. Essa abordagem apoia a conquista da "saúde" e do "progresso" mencionados por Follett.

Uma análise mais detalhada dos três subsistemas das empresas familiares nos ajuda a entender e trabalhar os conflitos e contradições forjados dentro das intersecções do subsistema. O processo permite que os paradoxos fundamentais sejam identificados e trabalhados. O desenvolvimento de estruturas de governança apropriadas é um componente essencial da gestão de longo prazo dos paradoxos revelados por essa análise.

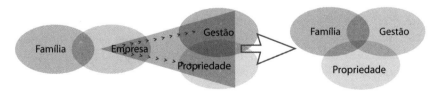

Figura 4.1 Evolução do sistema das empresas familiares.

Problema-conflito-contradição-paradoxo

Muitas vezes, o conflito é definido como uma *oposição* real ou percebida entre necessidades, princípios ou interesses. A definição sugere que os conflitos, por natureza, incluem pelo menos uma contradição fundamental. *Se* a contradição é paradoxal, ou seja, composta de dois lados que parecem opostos, mas que, na verdade, apoiam um ao outro, então ele oferece o potencial de uma abordagem **Ambos**/*E*. A Figura 4.2 apresenta o processo de reconhecer o conflito dentro de um problema e identificar as contradições e, em última análise, os paradoxos fundamentais.

Compreendendo as intersecções

Compreender os conflitos e as prováveis contradições em cada intersecção é uma tarefa essencial. É necessário identificar (e gerenciar) o paradoxo fundamental na contradição para poder aproveitar essa energia para unir a família e impulsionar a empresa. A Figura 4.3 representa três áreas de conflito em potencial que emergem nas intersecções de família e gestão, gestão e propriedade e propriedade e família. As seções

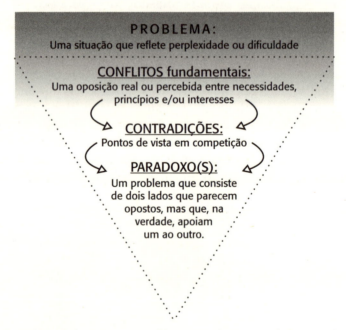

Figura 4.2 Definição do processo problema-conflito-contradição-paradoxo.

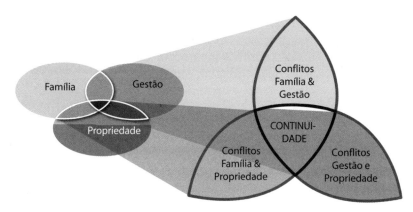

Figura 4.3 Intersecções nos três subsistemas.

subsequentes deste capítulo destacam os conflitos clássicos associados a cada intersecção.

A empresa familiar pode obter dois benefícios muito valiosos quando trabalha os paradoxos associados às contradições que surgem nas intersecções. Primeiro, o apoio e entendimento mútuo criado durante a gestão de um paradoxo pode dissolver muitos dos conflitos pessoais que nascem da área problemática. Segundo, a família pode implementar práticas de governança eficazes e gerenciar problemas parecidos ou outros conflitos paradoxais no futuro. A família se fortalece muito com a capacidade de enfrentar paradoxos e a empresa se beneficia da capacitação para trabalhá-los.

Quando a família compreende os problemas centrais e paradoxos associados de cada uma das três intersecções e implementa práticas de governança apropriadas para antecipar e gerenciar tais paradoxos, ela pode aumentar muito a *continuidade* da empresa, que é objetivo supremo da maioria das empresas familiares. Na verdade, um estudo recente do Bank of Korea analisou mais de 3.000 empresas japonesas (todas com mais de 200 anos de existência) e descobriu que o grande foco dessas empresas é a continuidade, como resume a citação a seguir:

seu propósito final não é o lucro, mas sua continuação [da empresa].[3]

A continuidade é o propósito central da identificação e entendimento dos conflitos previsíveis e onipresentes dos sistemas de empresas familiares, conflitos estes que surgem nas intersecções (como vemos na Figura 4.3). Usando o processo conflito-contradição-paradoxo para trabalhar a fonte original do conflito em questão aumenta a viabilidade de longo prazo e o sucesso da abordagem escolhida.

Conflitos família-gestão

Esta seção se concentra em alguns dos conflitos mais comuns que podem surgir entre os pontos de vista da família e da gestão em uma empresa familiar. A Figura 4.4 representa os conflitos clássicos na intersecção família-gestão.

A Tabela 4.1 apresenta dois conflitos desafiadores nessa intersecção, o emprego de familiares e a compensação de familiares (em **negrito** na lista da Figura 4.4), como parte da análise problema-conflito-contradição-paradoxo.

Pense no conflito do emprego de familiares. Nesse caso, uma contradição fundamental é se a oportunidade de emprego na empresa deve exigir um conjunto de pré-requisitos (como qualificações profissionais específicas) ou se deve estar aberta a todos os familiares. Essa não é necessariamente a única contradição inerente a esse conflito; por exemplo, outra contradição é se os netos devem ser encorajados a ficar na cidade da família ou a conhecer o mundo. Ao gerenciar os problemas

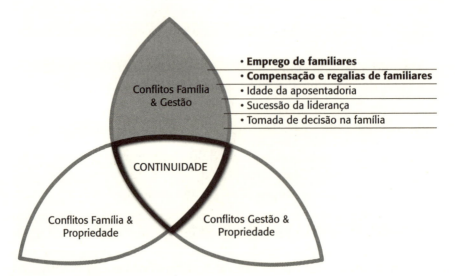

Figura 4.4 Conflitos família-gestão.

Tabela 4.1 Dois exemplos de conflito família-gestão

Conflito expresso como problema	Conflito clássico	Contradição primária	Paradoxo fundamental
Que parentes podem ser empregados pela empresa familiar?	Emprego de familiares	**Lado A:** Requisitos estritos para familiares. **Lado B:** Todos os familiares têm o direito de serem empregados.	Seletivo e Inclusivo
Como compensar os familiares	Compensação e regalias	**Lado A:** Com base no mercado. **Lado B:** Com base na necessidade do familiar.	Mercado e Necessidade

que surgem nas intersecções, é importante identificar as contradições *primárias*. O processo exige, é claro, que você ouça todos e explore a situação com muito cuidado. No caso em questão, a contradição primária é aquela afirmada acima: pré-requisitos estritos *versus* uma política de portas abertas no emprego de familiares.

O próximo passo envolve considerar se a contradição tem dois lados válidos. Nesse caso, o emprego de familiares tem dois lados viáveis e que parecem opostos, então o próximo passo é identificar o paradoxo fundamental. O paradoxo seletivo *e* inclusivo é identificado. Assim como todos os paradoxos, ele contém dois lados que *parecem* estar em conflito: as políticas de emprego altamente seletivas e as altamente inclusivas. Ambos os lados têm suas vantagens. Apesar dos dois lados, inclusivo *e* seletivo, parecerem estar em conflito, uma análise mais cuidadosa determina que eles apoiam um ao outro.

Quando consideramos o envolvimento da família com a empresa, às vezes é bom ser inclusivo, outras é melhor ser mais seletivo. Enfatizar um dos lados do paradoxo em detrimento do outro provavelmente causará problemas imediatos ou novos problemas no futuro. Respeitar a sabedoria de **ambos** os lados, inclusivo *e* seletivo, é o segredo para se aproveitar todo o potencial do paradoxo.

Reconheça também que cada conflito pode ter problemas associados que exigem "decisões difíceis". Os problemas que precisam ser resolvidos na intersecção família-gestão podem ser difíceis, mas ainda precisam ser enfrentados. É interessante observar que, depois da decisão ser tomada, alguns dos problemas (mas nem todos) podem revelar paradoxos que precisarão ser gerenciados no futuro. A Tabela 4.2 oferece exemplos de problemas típicos que exigem decisões na área do emprego de familiares, incluindo possíveis paradoxos associados.

Tabela 4.2 Exemplo de problemas a serem resolvidos: emprego de familiares

Problema a ser resolvido	Tipo de decisão	Paradoxo dentro do problema
Contrataremos familiares de esposos?	Sim ou não	Inclusivo e Seletivo
Os familiares precisam ter experiência de trabalho externa?	Sim ou não	Nenhum
Vamos encontrar empregos para os nossos filhos para que possam ficar perto de casa?	Sim ou não	Raízes e Asas

O segundo exemplo de conflito família-gestão indicado na Tabela 4.1 é da compensação de familiares e a respectiva contradição primária de valores de mercado *versus* compensação baseada em idade e necessidade do familiar: o paradoxo mercado *e* necessidade emerge dessa contradição. Entretanto, assim como no conflito relativo ao emprego de familiar, é possível que este tenha outras contradições inerentes, tais como questões relativas à minimização dos impostos. Se essa fosse a contradição primária, ela representaria apenas um problema específico a ser resolvido. Nesse caso, talvez bastasse consultar os contadores da empresa ou pedir que um conselho independente finalizasse as decisões fiscais.

Se um paradoxo está presente, este deve ser gerenciado e não resolvido. Assim, nesse exemplo, **ambos** os lados, mercado *e* necessidade, contêm verdades; no longo prazo, **ambos** devem ser enfocados. É importante definir a contradição primária com precisão e também fazer uma análise mais profunda para identificar o paradoxo que precisa ser gerenciado dentro da contradição.

Os problemas familiares relativos a emprego e compensação são inevitáveis. Eles não nascem dos indivíduos, mas sim da intersecção de dois sistemas, família e gestão. As famílias comprometidas com a continuidade trabalharão para antecipar esses problemas e criar um diálogo e processo para analisá-los com cuidado. Para ser mais específico, elas provavelmente criarão ou revisarão um processo de governança para apoiar a gestão dos paradoxos descobertos. Os veículos de governança mais bem documentados para as intersecções família-gestão são as *políticas* que ajudam a gerenciar as diversas expectativas e perspectivas de todos os envolvidos.

As políticas também podem impedir que os conflitos sequer ocorram. O processo de desenvolver políticas fortalece a confiança e a competência da família e também ajuda a empresa a avançar com menos distrações. Usar políticas como ferramenta de gestão de problemas nas intersecções do sistema apoia o princípio de que os problemas estão menos relacionados a indivíduos específicos e mais a sistemas e estruturas. A Tabela 4.7, no final deste capítulo, apresenta duas amostras de políticas que podem ajudá-lo a gerenciar a intersecção entre família e gestão.

Conflitos gestão-propriedade

Esta seção se concentra nos conflitos entre os pontos de vista de gestores e proprietários em uma empresa familiar. A Figura 4.5 representa alguns dos conflitos clássicos na intersecção gestão-propriedade.

Nessa intersecção, analisaremos em mais detalhes dois conflitos específicos, um relativo à composição do conselho e o outro, a distribuições e dividendos.

Selecionar o Conselho de Administração de uma empresa familiar costuma ser um grande desafio: a gestão tem um conjunto de necessidades e um ponto de vista específico com relação a essa questão, enquanto as necessidades e os pontos de vista dos proprietários podem ser muito diferentes. Os proprietários com participação majoritária na família muitas vezes acreditam que a participação no Conselho é um direito baseado na posição dentro da família. Por exemplo, o filho único de uma das mães fundadoras da empresa pode ter sentimentos de "proteção" relativos aos valores da família ou ao envolvimento dos filhos no futuro, o que influen-

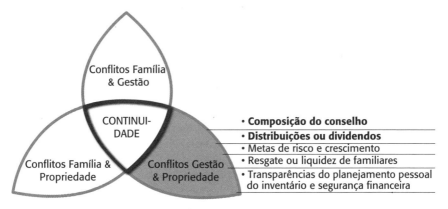

Figura 4.5 Conflitos gestão-propriedade.

ciaria sua perspectiva quanto à composição do Conselho. Os familiares que compõem o sistema de gestão da empresa, por outro lado, podem acreditar que ter muitos familiares no conselho prejudica a empresa, pois conselheiros da família podem ter poucas habilidades e contatos especiais (por exemplo, com clientes em potencial), características que serviriam para promover o crescimento e as percepções sobre o mercado.

A contradição primária (que a família pode descobrir observando e ouvindo os membros) nesse exemplo é se a participação no conselho deve se basear em relacionamentos familiares ou habilidades de negócios (ver Tabela 4.3). Assim, o paradoxo fundamental pode ser o de representação *e* qualificações. A representação (enquanto critério para participação no conselho) pode se basear em diversos fatores: geração, ramo familiar, cargo na empresa e número de ações. As qualificações podem se basear em competência nos negócios, experiência com liderança familiar ou estilo de pensamento.

Além do paradoxo representação *e* qualificações, é preciso resolver certos problemas relativos ao conflito quanto a quem participará do Conselho de Administração. Esses problemas que exigem uma decisão podem conter dentro de si outros paradoxos a serem gerenciados. Como vimos anteriormente nos problemas relativos ao emprego de familiares, a Tabela 4.4 oferece exemplos de problemas comuns na área do Conselho de Administração em uma empresa familar.

Um segundo conflito gestão-propriedade muito comum é quanto pagar em dividendos e distribuições. Para muitos, a contradição está entre manter o capital e os lucros para o crescimento e a segurança da empresa ou distribuir dinheiro para o rendimento e a segurança dos

Tabela 4.3 Dois exemplos de conflito gestão-propriedade

Conflito expresso como problema	Conflito clássico	Contradição primária	Paradoxo fundamental
Quem será membro do conselho?	Composição do Conselho de Administração	**Lado A:** Com base no parentesco **Lado B:** Com base em habilidades e experiência	Representação e Qualificações
Quanto pagar na distribuição de dividendos?	Dividendos/ distribuições	**Lado A:** Distribuir para proprietários-familiares para recompensar seu investimento. **Lado B:** Manter o dinheiro na empresa para investimentos futuros.	Colher *e* Investir

Tabela 4.4 Exemplo de problemas a serem resolvidos: composição do conselho

Problema a ser resolvido	Tipo de decisão	Paradoxo dentro do problema a ser resolvido?
Qual tamanho de conselho maximiza a eficácia?	Escolher	Nenhum
Que parcela do conselho deve consistir em proprietários familiares?	Escolher	Mérito e Representação
O presidente do conselho e o CEO serão a mesma pessoa?	Sim ou não?	Nenhum

proprietários (ver Tabela 4.3). Em geral, os altos executivos da empresa preferem o primeiro, enquanto os familiares com muitas ações e que não trabalham na empresa preferem o segundo. Visto dessa maneira, o paradoxo fundamental é colher (rendimentos) *e* investir. A colheita pode se referir ao retorno de capital para recompensar investidores ou a preparação do investidor para liquidez no planejamento do inventário, segurança pessoal ou filantropia. O investimento se refere ao uso de capital em oportunidades de crescimento para a empresa.

Assim como na intersecção entre família e gestão, esse conflito se beneficia de um sistema de governança que inclua um conjunto de *regras*, normalmente listadas no acordo entre os acionistas. As regras podem definir a composição do Conselho de Administração, processos de aprovação de dividendos, fórmulas de avaliação e resgate, entre outras questões. A Tabela 4.7, no final deste capítulo, oferece exemplos.

Conflitos propriedade-família

Esta seção se concentra nos conflitos entre os pontos de vista dos proprietários e da família envolvidos com uma empresa familiar, como representado pela Figura 4.6. Em um nível elementar, a propriedade tem duas dimensões: propriedade econômica e propriedade emocional. As diferenças de ponto de vista podem ser muito variadas. No longo prazo, entretanto, ambas são essenciais, economia e emoção. Se o propósito for exclusivamente econômico, o interesse da família pela empresa e a disposição para fazer sacrifícios em seu nome acabam enfraquecidos. Se o propósito for apenas emocional, é quase inevitável que a competitividade da empresa diminua. Essas diferenças estão por trás de muitos dos conflitos e paradoxos desta seção. A Figura 4.6 representa alguns dos conflitos clássicos na intersecção propriedade-família.

Dois conflitos nessa área são examinados em mais detalhes: propriedade de ações e pautas de reuniões familiares, como vemos no resumo da Tabela 4.5. A questão de quem herdará ou receberá as ações da família representa um problema que, além de ser um grande desafio, é uma grande fonte de tensão, em grande parte por conter uma contradição dentro de si. Alguns defendem que a as ações devem seguir as linhas familiares, segundo a escolha dos pais. Outros defendem que a propriedade (e/ou poder) deve ser mais proporcional à contribuição e participação de cada indivíduo no sucesso da empresa. A contradição contém um paradoxo família-propriedade fundamental: igualdade *e* mérito.

Assim como nas duas intersecções anteriores, aquela entre propriedade e família provavelmente também contém problemas que precisam ser resolvidos e não apenas paradoxos a serem gerenciados. A Tabela 4.6 oferece vários exemplos de problemas potenciais a serem resolvidos e de paradoxos na área da propriedade de ações.

O segundo conflito propriedade-família a ser explorado trata do tom e da pauta das reuniões familiares. A contradição inerente a esse problema pode ser expressa na forma de duas perguntas: Se forem pagas pela empresa, como é de praxe, as reuniões deveriam ser abertas apenas aos acionistas de fato (por exemplo, sem convites para esposos e esposas

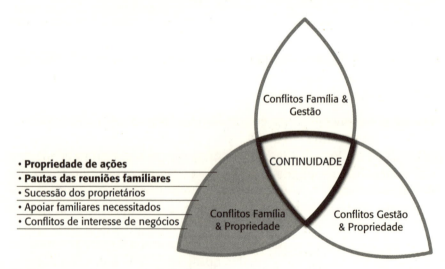

Figura 4.6 Conflitos propriedade-família.

Tabela 4.5 Dois exemplos de conflito propriedade-família

Conflito expresso como problema	Conflito clássico	Contradição primária	Paradoxo fundamental
Quem terá ações?	Direitos de propriedade	**Lado A:** Todos os familiares. **Lado B:** Com base em participação e contribuições.	Igualdade e mérito
Como passamos nosso tempo juntos em reuniões?	Reuniões familiares	**Lado A:** Participação nas reuniões é limitada e focada no negócio. **Lado B:** Participação nas reuniões é aberta e focada em relacionamentos.	Trabalho e diversão

que não têm ações), focada exclusivamente em questões de negócios e organizada de modo a ser eficiente e econômica? Ou as reuniões deveriam convidar a participação de todos os familiares, incluindo esposos e esposas, e ser antes de mais nada um momento para fortalecer os laços familiares e transformar as responsabilidades sobre a propriedade em algo mais agradável e divertido?

Por trás das contradição primária expressa nesse caso está um paradoxo fundamental da vida como um todo: trabalho e prazer. Na intersecção entre propriedade e família, o paradoxo poderia ser caracterizado como trabalho e diversão. Pesquisas sobre equipes e famílias sugerem que o ideal é valorizar **ambos**.

Dados os desafios que os paradoxos representam nessa área, a quantidade de famílias proprietárias que não são mais proativas em relação a seus valores, visões e metas é surpreendente. As regras para acionistas são muito mais comuns e muitas contêm os tipos de políticas apresentadas neste capítulo. Talvez o motivo seja que esses veículos de governan-

Tabela 4.6 Exemplo de problemas a serem resolvidos: propriedade de ações

Problema a ser resolvido	Tipo de decisão	Paradoxo dentro do problema a ser resolvido?
As ações serão colocadas em fundos patrimoniais ou serão propriedade direta dos acionistas?	Escolher	Fixo e flexível
Os familiares de esposos podem ter ações?	Sim ou não	Inclusão e exclusão
Com que idade os benefícios começam a fluir para os beneficiários?	Escolher	Controle e confiança

ça são mais explícitos, mais fáceis de formalizar e mais "operacionais". Ainda assim, os valores, visão e metas da família proprietária quase sempre representam o melhor veículo para a expressão de princípios e aspirações que se apoiam mutuamente e, logo, não podem passar em branco.

O veículo de governança mais usado para lidar com paradoxos nessa intersecção (incluindo mérito *e* igualdade e trabalho *e* diversão) é a declaração dos valores, visão e metas da família proprietária. A Tabela 4.7, no final deste capítulo, apresenta dois exemplos.

Estruturas de governança

Os problemas-conflitos-contradições-paradoxos encontrados em cada uma das três intersecções foram explorados em profundidade até o momento. O processo enfoca a identificação de paradoxos críticos que devem ser gerenciados para garantir o sucesso de longo prazo, que, por sua vez, só pode ser conquistado com o desenvolvimento e implementação de práticas de governança específicas, seja devido a um conflito específico encontrado pelos envolvidos ou em antecipação a conflitos. A Figura 4.7 apresenta as práticas de governança que costumam ser implementadas para gerenciar (e, em alguns casos, antecipar) os conflitos que surgem nas intersecções dos três subsistemas das empresas

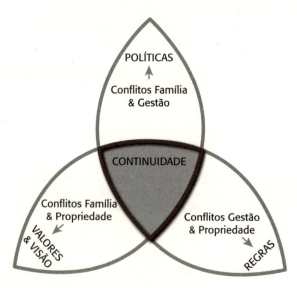

Figura 4.7 Estruturas de governança necessárias.

familiares. Em geral, as práticas são reunidas na constituição ou termo de abertura da família. Observe que cada intersecção possui um veículo de governança ideal.

Os veículos de governança listados na Tabela 4.7 têm alta eficácia na gestão dos paradoxos que surgem nas intersecções dos três subsistemas: família, propriedade e gestão. Na verdade, a maioria das empresas familiares tem pelo menos um desses veículos, se não todos. As Famílias Empreendedoras, que conquistaram a continuidade através das gerações, devotam recursos significativos ao desenvolvimento e gestão desses veículos de governança. As melhores práticas da literatura sobre empresas familiares recomendam essas abordagem há muitos anos. O modelo, apresentado na Figura 4.7, conecta conflitos específicos nas três intersecções às melhores práticas de governança relacionadas.

Intersecções: análise final

O sistema família-gestão-propriedade contém três intersecções que representam os conflitos potenciais entre três diferentes pares de

Tabela 4.7 Veículo de governança em cada intersecção

Intersecção	Veículo de governança*	Exemplos
Família-Gestão	Políticas	■ *Política de emprego de familiares:* que parentes podem ser empregados; condições para o emprego. ■ *Ajuda a familiares necessitados:* como a família pretende apoiar os membros, financeira e não financeiramente.
Gestão-Propriedade	Regras	■ *Acordo entre os acionistas:* quem pode ter ações e como elas serão avaliadas. ■ *Planos de inventário:* como a propriedade será transferida.
Família-Propriedade	Valores/visão	■ *Declaração de valores familiares:* princípios que orientam decisões e ações. ■ *Declaração de visão da família:* imagem inspiradora do que a família criará em conjunto.

* Os autores recomendam diversos recursos para mais informações sobre veículos de governança relativos às intersecções dos subsistemas de empresas familiares discutidos neste capítulo: para conflitos família-gestão, *Developing Family Business Policies*, de Craig E. Aronoff, Joseph H. Astrachan e John L. Ward (Georgia: Family Enterprises Publishers, 1992); para conflitos gestão-propriedade, *Creating Effective Boards for Private Enterprises: Meeting the Challenges of Continuity and Competition*, de John L. Ward (Georgia: Family Enterprises Publishers, 1992); para conflitos família-propriedade, *Family Business Ownership: How to be an Effective Shareholder* de Craig E. Aronoff e John L. Ward (Georgia: Family Enterprises Publishers, 1992).

perspectivas (a Tabela 4.8 resume os conflitos específicos discutidos neste capítulo). Os conflitos são ainda mais problemáticos porque contêm contradições que refletem diferenças concretas entre as perspectivas pessoais. Logo, os problemas que surgem muitas vezes são atribuídos a diferenças pessoais, apesar de emergirem das intersecções entre os subsistemas, e não dos indivíduos.

A maneira mais eficaz de lidar com esses problemas é analisar os conflitos associados em busca de contradições inerentes, e então ir mais a fundo, em busca do paradoxo fundamental. Em última análise, é preciso utilizar veículos de governança fortes (como políticas, regras ou valores) para trabalhar o paradoxo, incluindo o uso de uma constituição familiar. Quando ambos os lados do paradoxo são reconhecidos e trabalhados dessa maneira, os conflitos perdem a intensidade e o sistema promove a continuidade. Na verdade, a governança eficaz utiliza a energia do paradoxo e muitas vezes impede a manifestação inicial dos problemas associados.

Conflitos Previsíveis nas Intersecções **109**

Tabela 4.8 Resumo das intersecções do sistema das empresas familiares

Intersecção do sistema	Conflito expresso como problema	Conflito comum	Contradição primária	Paradoxo fundamental	Veículo de governança
Família-Gestão	Que parentes podem ser empregados pela empresa familiar?	Emprego de familiares	**Posição A:** Requisitos estritos para familiares. **Posição B:** Todos os familiares têm o direito de serem empregados.	Seletivo e Inclusivo	Políticas
	Como compensar os familiares	Compensação e regalias	**Posição A:** Com base no mercado **Posição B:** Com base na necessidade do familiar	Mercado e Necessidade	
Gestão-Propriedade	Quem será membro do Conselho de Administração?	Composição do Conselho de Administração	**Posição A:** Com base no parentesco. **Posição B:** Com base em habilidades e experiência.	Representação e Qualificações	Regras (ex.: acordo de acionistas)
	Quanto pagar em dividendos ou distribuições?	Dividendos/distribuições	**Posição A:** Distribuir para proprietários-familiares para recompensar seu investimento. **Posição B:** Manter o dinheiro na empresa para investimentos futuros.	Colher e Investir	
Família-Propriedade	Quem terá ações	Direitos de propriedade	**Posição A:** Todos os familiares. **Posição B:** Com base em participação e contribuições.	Igualdade e Mérito	Valores/visão/ metas dos proprietários
	Como passamos nosso tempo juntos em reuniões?	Reuniões familiares	**Posição A:** Participação nas reuniões é limitada e focada no negócio. **Posição B:** Participação nas reuniões é aberta e focada em relacionamentos.	Trabalho e Diversão	

Parte III

Gerenciando Ambos

Se escolhermos viver uma vida mais espiritual, então precisamos nos tornar mais espontâneos, mais engajados e mais contemplativos.

Viver uma vida espiritual significa que somos capazes de viver nossa vida em polaridade total. Isso significa que estamos confortáveis nos espaços intermediários:
- entre tradição e pontos de vista progressistas
- entre respostas racionais e emocionais
- entre agir e ficar parado
- entre solidão e prazer
- entre jejuns e banquetes
- entre disciplina e impetuosidade.

Se não estamos crescendo em nossa vida espiritual, estamos presos em algum extremo do espectro e podemos acabar insossos, mornos, medíocres e isolados. A única maneira de viver uma vida espiritual é ter a capacidade de tocar ambos os lados ao mesmo tempo. Saiba que é na interação entre viver o espectro (dessas forças polares opostas) que aprofundamos nossa espiritualidade e nos tornamos mais cientes de quem somos, quem escolhemos ser e, em tempos de desafio, como aparecemos.[1]

Santa Teresa de Ávila, 1515

5

Um Contínuo para a Gestão de Paradoxos

Os paradoxos intrigaram os grandes pensadores durante toda a história e levaram a *insights* maravilhosos:

> Eu não daria um centavo pela simplicidade que há deste lado da complexidade, mas daria minha vida pela simplicidade que existe do outro lado da complexidade.[1]
>
> Oliver Wendell Holmes

Em *The Executive's Compass: Business and the Good Society*, James O'Toole expande a sabedoria de Holmes:

> Para avançar além da confusão da complexidade, os executivos devem abandonar a busca constante pelo imediatamente prático e, paradoxalmente, buscar entender as ideias e valores fundamentais que deram forma ao mundo em que trabalham. Os executivos que pedem instruções detalhadas estão, por definição, presos deste lado da complexidade.[2]

Como foi discutido anteriormente neste livro e mencionado na citação que abre este capítulo, os problemas podem ser trabalhados por dois métodos gerais. A solução de problemas algorítmica, ou o "como", busca a simplicidade. O pensamento heurístico, ou "entender os valores fundamentais", busca a simplicidade no outro lado da complexidade. **Ambas** abordagens, algorítmica *e* heurística, são necessárias para a gestão eficaz dos paradoxos.

O processo de solução de problemas do ciclo "plano-execução-verificação-ação", muito defendido no campo da gestão da qualidade total, oferece um exemplo de solução de problemas mais algorítmica. O método costuma ser realizado da seguinte maneira:

1. Compreender o problema, avaliar as alternativas e se decidir por uma ação (Plano).

2. Implementar a ação escolhida (Execução).
3. Revisar o resultado para confirmar que o problema foi resolvido (Verificação).
4. Realizar ações corretivas necessárias (Ação).

Esse processo de solução de problemas, assim como muitas outras abordagens algorítmicas, se concentra em encontrar soluções ou chegar a um ponto final e provou sua eficácia em muitas décadas de uso. A ideia deste livro não é rejeitar os métodos algorítmicos tradicionais. Na verdade, estes serão apresentados como um elemento da abordagem à solução de problemas. Entretanto, os métodos mais populares e algorítmicos podem ser incompletos, especialmente quando confrontados com problemas paradoxais. Nesses casos, é necessário uma ênfase adicional no uso de **ambos** os tipos, algorítmicos *e* heurísticos.

Ou/Ou – Ambos/*E*

Você pode abordar os paradoxos de várias maneiras diferentes, que representam uma ampla variedade de níveis de eficácia. A Figura 5.1 apresenta essas abordagens enquanto pontos em um contínuo. Apesar da figura identificar seis abordagens independentes e distintas, estas muitas vezes têm aspectos em comum. As três abordagens tradicionalmente mais algorítmicas são categorizadas como "Ou/Ou" e devem ser mais conhecidas. Elas são mais eficazes quando aplicadas a problemas menos conflituosos e/ou tarefas que exigem uma decisão ou solução.

Porém, se as questões forem conflituosas, intensas e emocionais (como costumam ser entre familiares), vale a pena adotar uma das abordagens na parte direita do contínuo. Essas três abordagens envolvem mais heurística e são classificadas como "**Ambos**/*E*". Uma abordagem **Ambos**/*E* oferece benefícios de longo prazo significativos, pois captura a energia inerente dos dois lados aparentemente opostos de um paradoxo. Quando têm sucesso, os métodos **Ambos**/*E* têm a capacidade de fortalecer os laços familiares. Ao trabalhar **ambos** os lados do paradoxo, esse tipo de método respeita ambas as perspectivas e oferece oportunidades para novas aprendizagens e *insights* de melhor qualidade.

O contínuo de gestão de paradoxos

A Figura 5.1 apresenta seis abordagens a problemas paradoxais. Como vemos, as abordagens da esquerda para a direita apresentam benefícios

Figura 5.1 Contínuo de gestão de paradoxos.

de longo prazo cada vez maiores. O resto deste capítulo explica as abordagens e aplica-as a três conflitos clássicos envolvendo intersecções entre subsistemas, seguindo os fatores identificados no capítulo anterior.

Abordagens Ou/Ou

O domínio Ou/Ou inclui três abordagens a serem exploradas. A primeira, a Escolha, envolve a simples escolha de um lado do paradoxo em detrimento do outro. A segunda, o Meio-Termo, busca minimizar os pontos fracos presentes em cada lado. Finalmente, o Equilíbrio tenta explorar parte das oportunidades que cada lado do paradoxo representa. Assim, o grupo Ou/Ou possui uma característica implícita comum a todos os seus membros: a decisão de minimizar os pontos fracos ou explorar oportunidades. É um velho conhecido, muito parecido com criar uma lista de prós e contras e depois promover a opção com mais vantagens ou aceitar o mal menor entre os que estão pela frente. Nos cenários de solução de problemas nos quais uma decisão sim/não é necessária, as abordagens Ou/Ou funcionam bem, mas elas são menos ideais quando se trata de enfrentar paradoxos.

Em geral, quando enfrentamos problemas paradoxais, o objetivo é avançar ao extremo direito do contínuo e usar abordagens **Ambos**/*E*, pois dessa forma a família e a empresa podem obter os maiores benefícios de longo prazo em troca dos seus esforços. Ainda assim, às vezes adotar uma abordagem **Ambos**/*E* está além das possibilidades da organização, da gerência ou de outras partes interessadas. Nesses casos, faz sentido enfrentar o paradoxo com uma abordagem Ou/Ou. Entretanto, os paradoxos enfrentados dessa maneira provavelmente voltarão no futuro, na mesma forma ou na forma de um problema correlato. A essa altura, pode ser preciso empregar uma abordagem diferente. Por outro lado, as empresas familiares podem ser proativas no monitoramento da solução Ou/Ou original, com a ideia de implementar uma abordagem **Ambos**/*E* quando a organização estiver melhor posicionada.

Abordagens Ambos/*E*

O domínio **Ambos**/*E* também é composto por três abordagens nesse contínuo. A primeira, a Integração, envolve identificar o paradoxo e então maximizar as oportunidades presentes em cada lado ao mesmo tempo que se minimizam as fraquezas. O próximo capítulo apresenta o Mapa da Polaridade™ para ajudar o ensino da Integração. A segunda abordagem **Ambos**/*E*, a Síntese, tenta alcançar ambos os lados do paradoxo ao mesmo tempo, produzindo o máximo de benefícios de longo prazo. Finalmente, a Fusão representa uma mudança fundamental no modo como pensamos sobre o paradoxo. Essa última abordagem tenta criar processos proativos, sistêmicos e sustentáveis para lidar com as fontes e precursores do problema, impedindo que ele sequer evolua e se transforme em problema. A Tabela 5.1 resume as seis abordagens no contínuo. Apesar de serem apresentadas como independentes e distintas, várias delas têm áreas em comum, especialmente quando são adjacentes umas às outras.

Tabela 5.1 Definição do contínuo de gestão de paradoxos

Tipo	Contínuo	Definição
Ou/Ou	Escolha	Selecionar uma de duas alternativas contraditórias.
	Meio-Termo	Minimizar os pontos fracos de cada alternativa.
	Equilíbrio	Maximizar as oportunidades de cada alternativa.
Ambos/E	Integração	Identificar o problema como paradoxo; maximizar as oportunidades e minimizar os pontos fracos de **ambos** os lados.
	Síntese	Realizar **ambos** os lados do paradoxo ao mesmo tempo.
	Fusão	Antecipar um problema enquanto paradoxo e implementar uma abordagem sistêmica que realize **ambos** os lados.

As trocas são uma parte inerente de todas as abordagens no contínuo de gestão de paradoxos. Em geral, as primeiras três abordagens oferecem menos benefícios de longo prazo, pois trabalham o paradoxo de maneiras mais limitadas. Isso não significa que uma abordagem Ou/Ou *nunca* é a melhor opção; como sugerimos anteriormente, ela pode ser a melhor abordagem de determinadas circunstâncias. Ainda assim, sempre que possível, é importante superar a simplicidade potencial de uma abordagem Ou/Ou e atravessar a complexidade para alcançar o lado **Ambos**/*E* do contínuo.

Emprego de familiares no contínuo

Para entender melhor a aplicação do contínuo de gestão de paradoxos, volte a um dos conflitos clássicos das empresas familiares analisados no Capítulo 4, o emprego de familiares. Como vimos, o primeiro passo ao abordar um problema desse tipo é definir exatamente o que ele é. Em geral, o problema fundamental será definido mais ou menos assim: "Como lidar com familiares que querem participar da empresa familiar?" As respostas provavelmente estarão em uma de duas categorias: visão orientada pela empresa ("Para trabalhar aqui, antes você deve trabalhar em outro lugar, se formar na faculdade e desenvolver algumas qualificações") e a visão orientada pela família ("Todos os membros da família podem ser funcionários").

Apenas a título de exemplo, a contradição poderia ser articulada da seguinte maneira:

> **Lado A:** Antes de entrar na empresa familiar, você precisa de três a cinco anos de experiência externa em tempo integral e um diploma de pós-graduação.
> **Lado B:** Sem qualificações específicas. Todos os familiares são bem-vindos.

Abordagens Ou/Ou: Emprego de familiares

Esta seção apresenta detalhes sobre cada abordagem Ou/Ou aplicada à questão do emprego de familiares.

Escolha

A Escolha é a primeira abordagem Ou/Ou no contínuo. Nela, algum membro da empresa familiar, em geral o presidente ou CEO, decide se o familiar será empregado ou não. A decisão do CEO se baseia no seu ponto de vista específico sobre a empresa familiar e sobre as prioridades desta (como poderíamos identificar com a Avaliação Família em Primeiro Lugar/Empresa em Primeiro Lugar, apresentada na Parte I, p. 36). Se o CEO tem foco mais centrado na empresa, a política pode exigir que os familiares se candidatem para cargos em aberto; a seguir, o sistema de gestão de desempenho da empresa elimina aqueles com menor capacidade de contribuir. Se, por outro lado, o foco do CEO estiver mais centrado na família, então é mais provável que a empresa ofereça um emprego a todos os familiares interessados.

A verdadeira desvantagem da abordagem da Escolha é que os familiares com visões opostas à política implementada se sentirão os "perdedores" da história. E a empresa também pode sair perdendo, pois, dependendo da política escolhida, alguns familiares que poderiam fazer boas contribuições ficarão de fora; ou, em outras circunstâncias, a entrada de familiares desqualificados prejudicará o desempenho geral da empresa. A Escolha é uma abordagem mais apropriada para o curto prazo.

Meio-Termo

A próxima abordagem no contínuo é o Meio-Termo. Aqui, o foco está em tentar reduzir os pontos fracos de cada lado do paradoxo. No caso do emprego de familiares, um lado quer que os candidatos tenham vários anos de experiência e um diploma de pós-graduação, enquanto o outro não quer nenhum requisito específico. Como o nome da abordagem sugere, uma das soluções é chegar a um meio-termo. Assim, a política de emprego poderia afirmar que os indivíduos interessados devem ter pelo menos dois anos de experiência externa (em vez de zero ou de três a cinco anos) e devem participar de pelo menos um curso de educação executiva de três meses (em vez de não ter diploma nenhum ou um de pós-graduação) antes de entrar para a empresa. A desvantagem é que nenhum lado consegue o que queria. Por definição, o meio-termo é um acordo pelo qual ambos os lados de uma disputa aceitam menos do que queriam no começo. Assim, o foco do Meio-Termo também está mais em soluções de curto prazo.

Equilíbrio

O equilíbrio é a terceira abordagem no contínuo. Ele busca maximizar as oportunidades de cada alternativa. Um exemplo de abordagem do Equilíbrio ao emprego de familiares é nunca empregar mais de um membro de cada casal ou ramo da família, de modo a não sobrecarregar a empresa com parentes. Ao encorajar familiares representativos a trabalharem na empresa sem sobrecarregar a organização, a abordagem dá a cada lado o que eles desejam.

Ao mesmo tempo, a abordagem não produz o benefício de longo prazo superior para a empresa familiar, pois limitar o número de funcionários não garante, necessariamente, que os parentes mais qualificados trabalharão na empresa. É importante buscar uma abordagem que atenda ambos os lados da questão: interesse em participação e competência nos negócios. Isso significa avançar mais um pouco em direção ao extremo direito do contínuo: **Ambos**/*E*.

Abordagens Ambos/*E*

Uma abordagem **Ambos**/*E* se baseia no reconhecimento de que um paradoxo contém dois lados, que **ambos** têm mérito e que **ambos** devem ser aproveitados. Avançar à direita no contínuo permite que a família e a empresa conquistem resultados de longo prazo (como sugere o gráfico apresentado na Figura 5.1, repetido aqui).

Integração

A começar pela abordagem da Integração, o primeiro passo é identificar o paradoxo por trás dos pontos de vista conflitantes. No caso do

emprego de familiares, como vimos anteriormente, o paradoxo é seletivo *e* inclusivo.

Depois de reconhecer que o paradoxo envolve ser seletiva *e* inclusiva, a família pode começar a identificar as oportunidades e pontos fracos de cada lado do paradoxo, um passo importante para o desenvolvimento de uma abordagem de Integração. Enquanto a abordagem do Meio-Termo se concentrava em minimizar os pontos fracos de cada lado e a opção do Equilíbrio enfocava a promoção de benefícios, a Integração adota uma abordagem mais abrangente ao paradoxo, enfocando as oportunidades *e* os pontos fracos de ambos os lados (o próximo capítulo oferece uma ferramenta, o Mapa da Polaridade™, que ajuda o leitor a desenvolver abordagens de Integração eficazes aos paradoxos clássicos das empresas familiares. Para ser específico, o Mapa da Polaridade™ ajuda a empresa familiar a chegar a um consenso sobre as oportunidades e fraquezas de cada lado do paradoxo).

Para desafios relativos ao emprego de familiares, a Integração do paradoxo seletivo *e* inclusivo é realizada quando encontramos um modo de promover **ambos** os desejos de cada familiar *e* as necessidades da família proprietária como um todo. Uma maneira é re-enquadrar o problema como se tratando de *envolvimento familiar* em geral, e não de uma questão mais restrita de empregos na empresa. Adotar esse ponto de vista ajuda a família a compreender que os indivíduos que buscam envolvimento com a empresa têm várias opções e que o emprego é apenas mais uma. Essa visão mais ampla liberta a empresa da obrigação de ser o único canal para participação na família e na empresa.

Nesse contexto, é provável que os indivíduos serão mais capazes de se "autosselecionarem", pois sabem que sua participação é bem-vinda e que têm múltiplas opções para tanto, incluindo emprego, filantropia ou participação no conselho familiar, entre outros. Além disso, a abordagem provavelmente vai atrair os familiares mais qualificados para cada função e, ao mesmo tempo, reduzir a probabilidade de não adaptação à empresa.

Em suma, o sucesso da abordagem de Integração depende de reenquadrar a questão empregatícia em termos de envolvimento e maximizar as oportunidades apropriadas para **ambos**, seletividade *e* inclusão. A abordagem reconhece que algumas funções, tais como a gerência, exigem mais seletividade e um pareamento cuidadoso entre responsabilidades e qualificações, enquanto outras (como funções relativas a filantropia) se adaptam melhor à inclusividade, pois exigem menos qualificações formais ou, pelo menos, qualificações diferentes.

Síntese

A próxima abordagem **Ambos**/E de gestão de paradoxos é a Síntese. Com essa abordagem, além de identificar e trabalhar ambos os lados do paradoxos, os familiares chegam a um ponto em que os dois lados não são mais vistos como opostos e independentes. A Síntese é produzida quando o conflito clássico em questão é expresso na forma de uma relação complementar; no caso, quando a seletividade é inclusiva e a inclusividade é seletiva. É a elegância da Síntese. Pense sobre o seguinte exemplo de como uma família usou a Síntese para enfrentar a questão do envolvimento familiar.

Em vez de seguirem um conjunto de regras fixo e focado na seletividade, os parentes precisam conduzir a própria pesquisa sobre os prós e contras de abordagens inclusivas e seletivas ao envolvimento familiar. Pede-se que eles identifiquem e entrevistem pelo menos duas pessoas *de dentro* da família com pontos de vista divergentes sobre seletividade e inclusividade, além de pelo menos duas pessoas *de fora* da família com cada ponto de vista.

No próximo passo, solicita-se que os familiares resumam seus aprendizados e criem um plano de ação pessoal para trabalhar os pontos fracos da opção que preferiam. Por exemplo, se escolhem a participação sem experiência profissional externa significativa, eles poderiam propôr uma maneira de enfrentar a falta de perspectiva externa e responsabilidade assumindo a liderança de uma organização sem fins lucrativos na comunidade ou em uma associação do setor. Eles também poderiam propôr que um *coach* revisasse (e aprimorasse) seu desempenho na empresa e em outros contextos. Uma força-tarefa composta por familiares e por diretores independentes pertencentes ao conselho da empresa poderia oferecer *coaching* aos familiares em questão, com pesquisas e o desenvolvimento de um plano de ação.

O resultado é que a empresa se beneficia do envolvimento de familiares conscientes e disciplinados, ansiosos por provar seu comprometimento com a empresa e a família, enquanto os familiares saem ganhando quando se esforçam para entender as opções disponíveis, como cada uma os beneficiaria (ou não) e como a empresa se beneficiaria (ou não). Com a abordagem da Síntese, o familiar interessado conquista os benefícios adicionais da autodescoberta, do *insight* e da aprendizagem, além da responsabilidade pessoal. A família como um todo também tem a oportunidade de aprender com as pesquisas de cada parente.

Fusão

A Fusão, no extremo direito do contínuo, é a sexta abordagem de gestão de paradoxos. Ela envolve a implementação de um processo sistemático para prevenir a emergência de problemas ou conflitos significativos. A Fusão leva à realização mais orgânica do melhor de **ambas** as verdades do paradoxo. Se for uma contradição clássica da empresa familiar, os interesses de **ambas**, família *e* empresa, são atendidos da maneira ideal. Naturalmente, esse objetivo é um grande desafio e nem sempre é possível. Mas a história a seguir conta como uma família conquistou uma Fusão na área do envolvimento familiar.

Nessa família, depois de décadas de tentativa e erro, os familiares da quarta geração desenvolveram um processo de *coaching* e desenvolvimento de pessoal patrocinado pelo conselho familiar. Desde cedo, os familiares mais jovens aprendem e assistem aos adultos tirarem vantagem desses recursos para identificarem seus pontos fortes e fracos e para aprenderem que habilidades e expectativas estão envolvidos em cada função nas empresas da família. Os familiares estão acostumados a ver os parentes participarem de atividades de desenvolvimento e avaliação de desempenho para todas as funções que desejam.

Os jovens adultos também têm um campeão pessoal dentro da família e, na idade apropriada, um *coach* pessoal. Eles sabem que sua participação em qualquer estágio ou oportunidade de aprendizagem que desejem, dentro ou fora da empresa, seria bem-vinda. O resultado é que todos os membros se sentem gratos pelo interesse profundo da família no seu desenvolvimento e pelo apoio pessoal que recebem. Todos também sabem que a melhor opção é preencher os cargos da empresa familiar com os indivíduos mais comprometidos e qualificados. A família se esforça para identificar novas oportunidades de envolvimento e está sempre revisando e alterando o processo para ajudar os familiares a aproveitarem o sistema. Não por acaso, a Fusão conquistada por essa família com relação ao desenvolvimento familiar ajudou a promover aumentos na sua pesquisa confidencial de "satisfação dos familiares" em três anos consecutivos.

A arte da gestão de paradoxos

As seis abordagens no contínuo de gestão de paradoxos oferecem uma ampla variedade de opções de como trabalhar os paradoxos à medida que surgem no caminho da organização. A gestão de paradoxos é **ambas**, ciência *e* arte. Para alguns paradoxos, a melhor opção é simplificá-los e enfrentá-los de um modo mais algorítmico, usando abordagens Ou/Ou. Outros exigem esforços maiores e mais pacientes, pois muito mais está em jogo. As abordagens mais heurísticas, ou **Ambos**/*E*, oferecem os maiores benefícios, mas, ao mesmo tempo, representam mais ambiguidade e incerteza, especialmente no curto prazo; é nesse aspecto que entra a "arte" da gestão de paradoxos.

Os autores tiveram muito sucesso aplicando o método da Integração. O próximo capítulo oferece as ferramentas para essa aplicação, além de vários exemplos. Às vezes, a Síntese é possível. A abordagem da Fusão é aplicada com menos frequência, pois envolve um esforço inicial mais cansativo, apesar de render mais no longo prazo; assim, ela exige o investimento de recursos significativos em antecipação a um conflito em vez de tentar responder a um desafio atual. Entretanto, a Fusão pode produzir resultados incríveis.

As Figuras 5.2, 5.3 e 5.4 aplicam o modelo problema-conflito-contradição-paradoxo, apresentado no Capítulo 4, a três problemas familiares clássicos. As Tabelas 5.2, 5.3 e 5.4 apresentam as seis abordagens de gestão de paradoxos trabalhadas neste capítulo aplicadas a três dos conflitos clássicos das empresas familiares que encontramos no Capítulo 4: emprego de familiares (tema analisado neste capítulo), política de dividendos ou distribuição e reuniões familiares. A análise detalhada desses casos leva a um entendimento mais profundo do contínuo de gestão de paradoxos e aprimora sua aplicação no futuro.

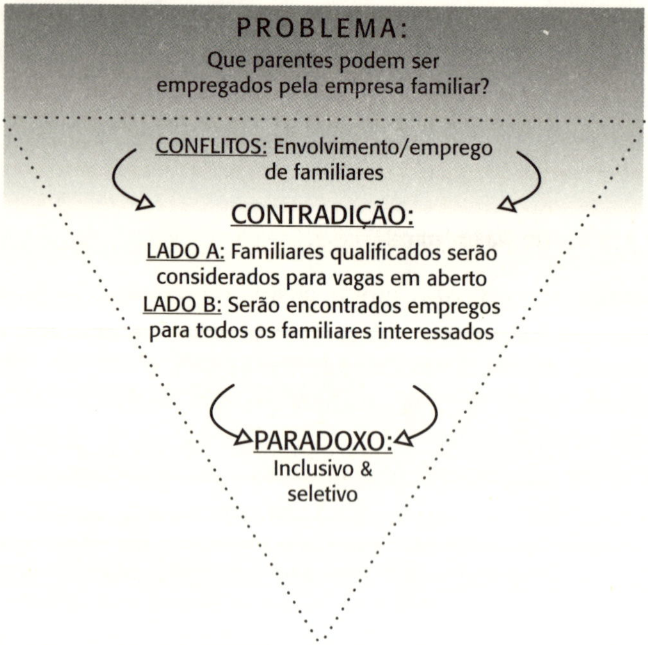

126 Identificando Ambos

PROBLEMA:
Que parentes podem ser empregados pela empresa familiar?

CONFLITOS: Envolvimento/emprego de familiares

CONTRADIÇÃO:
LADO A: Familiares qualificados serão considerados para vagas em aberto
LADO B: Serão encontrados empregos para todos os familiares interessados

PARADOXO:
Inclusivo & seletivo

Figura 5.2 Emprego de familiares.

Um Contínuo para a Gestão de Paradoxos 127

Tabela 5.2 Emprego de familiares: aplicação gestão de paradoxos

Tipo	Contínuo	Ações associadas
Ou/Ou	Escolha	**Empresa em Primeiro Lugar:** Apenas familiares qualificados (ex.: pelo menos três anos de experiência externa; pós-graduação) serão considerados para vagas em aberto OU **Família em primeiro lugar:** Serão encontrados empregos para todos os familiares interessados.
	Meio-Termo	Os familiares são considerados para emprego depois de completar um mínimo de dois anos de experiência de trabalho externa e um curso de administração patrocinado pela empresa. Minimiza a possibilidade de familiares desqualificados e "metidos" ao mesmo tempo que afrouxa os requisitos para quem se interessa por participar.
	Equilíbrio	Um membro de cada ramo ou casal será encorajado a trabalhar na empresa. Maximiza o acesso a talento sem sobrecarregar a empresa com familiares.
Ambos/E	Integração	Superar o emprego enquanto conflito central e buscar oportunidades de envolvimento familiar apropriadas em uma ampla variedade de funções. Maximizar ambos os lados do paradoxo: seletividade e inclusão. Ao mesmo tempo, gerenciar os pontos fracos associados a cada um. Assim, algumas funções exigem mais seletividade e um pareamento cuidadoso entre responsabilidades e habilidades/experiência. Outras funções permitem maior inclusividade, pois exigem menos qualificações formais.
	Síntese	Reconhecer a oportunidade de *inclusão seletiva* e *seleção inclusiva* com o uso de práticas que promovam a inclusão e a seletividade ao mesmo tempo. Por exemplo: ■ Em vez de impôr um conjunto de regras fixo (ou regra nenhuma) para o emprego de familiares, espera-se que cada interessado conduza sua própria pesquisa sobre os méritos relativos de abordagens inclusivas e seletivas. ■ O familiar interessado cria um plano de ação pessoal detalhando como gostaria de proceder e como pretende administrar os pontos fracos em potencial. ■ A empresa familiar trabalha com os parentes para compreender e implementar o plano de ação individual dentro ou fora da própria empresa.
	Fusão	Implementa-se uma abordagem sistêmica em antecipação ao paradoxo. Por exemplo, encoraja-se todos os familiares (a partir dos 18 anos de idade) a trabalharem com o comitê de RH da Família para identificar e desenvolver seus talentos especiais. O comitê auxilia os familiares de diversas maneiras (ex.: testes, histórico familiar, educação). O resultado é que os familiares se envolvem naturalmente com os aspectos da empresa que melhor se adaptam a seus respectivos interesses e habilidades e às necessidades da empresa.

128 Identificando Ambos

Figura 5.3 Política de dividendo ou distribuição.

Tabela 5.3 Política de dividendos/distribuição: aplicação gestão de paradoxos

Tipo	Contínuo	Ações associadas
Ou/Ou	Escolha	**Empresa em Primeiro Lugar:** Sem dividendos/distribuições OU **Família em Primeiro Lugar:** Dividendos/distribuições fixos e generosos
	Meio-Termo	As empresas da Bolsa de Valores de Nova Iorque distribuem aproximadamente 30-35% do lucro líquido; empresas de capital fechado muitas vezes não têm obrigações específicas. Com frequência, as famílias escolhem um meio-termo e retornam de 10 a 15%. Essa abordagem minimiza os pontos fracos das opções disponíveis.
	Equilíbrio	A família recebe um valor anual fixo mínimo, mais 25% adicionais do lucro líquido acima de um retorno de 10%, harmonizado por uma média móvel de três anos. Essa abordagem maximiza as oportunidades.
Ambos/E	Integração	Avançar além dos dividendos/distribuições enquanto conflito central e buscar maximizar ambos os lados do paradoxo, colher e investir, ao mesmo tempo que se administram os pontos fracos de cada um. Nesse caso, os diretores poderiam estabelecer um dividendo/distribuição anual com base nas necessidade de financiamento da empresa e no direito dos proprietários de receber retorno por seu investimento de capital. A organização estabelece uma meta de quociente de dividendos/distribuição. Entretanto, a meta não é fixa: ela se adapta às mudanças nas condições em cada ano e busca promover a colheita e o investimento.
	Síntese	"Não se colhe sem investir, não se investe sem colher". A expectativa de dividendos/distribuições regulares para os proprietários motiva os executivos a aceitar riscos "mais poderosos" para fazer a empresa crescer e realizar investimentos de capital acertados. Os investimentos de capital eficazes, por sua vez, garantem dividendos/distribuições periódicos para os proprietários.
	Fusão	Implementa-se uma abordagem sistemática em antecipação ao paradoxo: proprietários e gestores estabelecem políticas que oferecem liberdade aos primeiros para ter acesso ao valor do investimento e ao mesmo tempo incorporam o compromisso de investir no futuro da empresa familiar. Acordos com acionistas que facilitam a venda de ações e programas de empréstimo que permitem aos proprietários terem acesso ao valor das ações sem exigir resgate acabam criando proprietários que não se sentem "prisioneiros" das suas ações e aumentam a probabilidade deles apoiarem investimentos de longo prazo, muitas vezes às custas dos próprios dividendos/distribuições no curto prazo.

130　Identificando Ambos

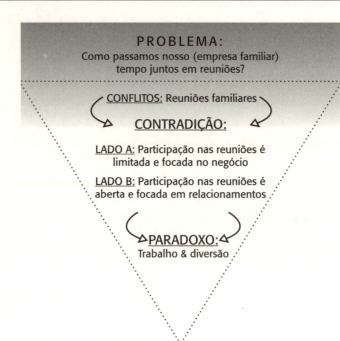

Figura 5.4 Reuniões familiares.

Um Contínuo para a Gestão de Paradoxos

Tabela 5.4 Reunião familiar: aplicação gestão de paradoxos

Tipo	Contínuo	Exemplos de ações associadas
Ou/Ou	Escolha	**Empresa em Primeiro Lugar:** As conversas de negócios dominam a pauta OU **Família em Primeiro Lugar:** As conversas sobre relacionamentos dominam a pauta.
	Meio-Termo	Exige-se que os familiares participem de pelo uma reunião centrada na empresa e uma centrada em relacionamentos em cada trimestre. A abordagem minimiza os pontos fracos.
	Equilíbrio	As reuniões familiares têm diversos aspectos diferentes (1/3 diversão, 1/3 educação, 1/3 negócios), mas não se espera que todos os familiares participem de todas as partes. Cada um participa da parte que lhe interessa. A abordagem maximiza as oportunidades.
Ambos/E	Integração	Ir além das reuniões enquanto conflito central e buscar maximizar ambos os lados do paradoxo, diversão e trabalho, enquanto tenta minimizar os pontos fracos de cada um. ■ Os familiares participam de todos os aspectos da reunião, desde o planejamento até a execução e avaliação. Eles compreendem a importância e valor de **ambos**, diversão e trabalho. As pautas tentam maximizar ambos os lados da diversão e do trabalho. ■ As reuniões informam os participantes sobre a empresa e a família, e todos valorizam o evento. As abordagens educacionais criativas engajam todas as gerações de proprietários (ex.: Banco Imobiliário, corridas de revezamento ou gincanas centradas na história ou outros aspectos da empresa e da família).
	Síntese	Alcançar ambos os lados do paradoxo ao mesmo tempo: "O trabalho pode ser divertido e a diversão exige muito trabalho". Os esforços vão muito além das reuniões familiares: por exemplo, envolvimento e participação em "momentos importantes" (ex.: inaugurações de lojas; cerimônias de reconhecimento para clientes, fornecedores ou funcionários; doações para organizações filantrópicas) permite que a família ao mesmo tempo aproveite os privilégios e cumpra as responsabilidades da propriedade.
	Fusão	O paradoxo trabalho e diversão evolui e cria um grande princípio norteador: "Trabalho é diversão". A família busca diversas oportunidades para viver esse princípio. Em geral, outro paradoxo acaba emergindo: responsabilidade e privilégio. ■ Os familiares mais inteligentes se tornam defensores da família e da empresa, tanto dentro da empresa quanto fora, junto a fóruns de clientes, outras empresas familiares e o setor com um todo. Equipes familiares são convidadas a falarem sobre a família e a empresa; os familiares aprimoram suas habilidades de apresentação e conhecimento do negócio e forjam relações especiais com grupos de partes interessadas. ■ A família estabelece padrões e compartilha melhores práticas com outras empresas familiares com tradições e estruturas de valores similares. Ela recebe outras famílias e compartilha experiências e melhores práticas à medida que vai se tornando um modelo de empresa familiar.

Ciclo de renovação e benefícios

Mais do que avanços em relação ao problema em pauta, as famílias que investem tempo e atenção para aplicar abordagens de gestão de paradoxos aprendem a respeitar a diversidade interna em pontos de vista. Poucos valores beneficiam mais as famílias do que o respeito mútuo. As famílias também aprendem a encontrar os paradoxos entre seus problemas e passam a enxergar o potencial dentro de cada paradoxo. Quando elas descobrem um paradoxo e consideram que vale a pena trabalhá-lo – de modo a obter os benefícios de ambas as verdades inerentes – as famílias precisam conquistar o *insight* e as habilidades para aplicar abordagens mais heurísticas, ou **Ambos**/*E*, ao paradoxo. Essa decisão leva a uma expansão radical nos benefícios possíveis da gestão de paradoxos.

A prática contínua e a habilidade em gestão de paradoxos fortalecem os laços familiares e o entusiasmo com a aplicação dos métodos, o que, em última análise, cria um "ciclo de renovação e benefícios" no lado direito do contínuo, como vemos na Figura 5.5. Conforme a família cresce e passa o bastão para as novas gerações, a abordagem ao contínuo também deve crescer e se desenvolver: o monitoramento e a reforma das táticas para gestão de cada paradoxo é um fator essencial à medida que o contexto da empresa familiar evolui. Quando realizadas de modo consciente, cada aplicação da gestão de paradoxos cria mais benefícios para a empresa e a família, renovando o comprometimento com **ambas**.

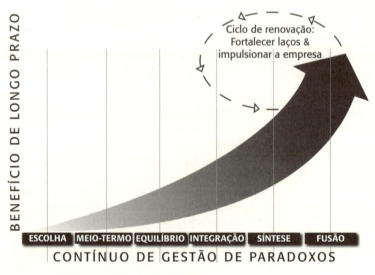

Figura 5.5 Ciclo de renovação da gestão de paradoxos.

# Uma Ferramenta Essencial: O Mapa de Polaridade™

Por maior que seja o desafio da sua gestão, famílias e empresas de todo o mundo descobriram métodos para compreender e enfrentar os paradoxos com sucesso.

> A filosofia e a religião estudam o fenômeno dos opostos interdependentes (dilema, paradoxo, polaridade) há mais de 4000 anos. Eles são uma realidade central de toda a vida e de todos os sistemas humanos. Foi apenas nos últimos 20 anos que o fenômeno foi identificado explicitamente pelo campo dos negócios como uma dimensão importante que merece atenção, pois ter acesso ao poder dessa dimensão da vida gera uma vantagem competitiva.[1]
>
> Dr. Barry Johnson, Polarity Management Associates

O capítulo anterior detalhou um contínuo para a gestão do paradoxo, de Ou/Ou até **Ambos**/*E*, abrangendo seis abordagens possíveis. Este capítulo apresenta um processo comprovado para trabalhar os desafios e as oportunidades que os paradoxos representam. O Mapa da Polaridade™ é uma ferramenta especialmente útil para alcançarmos a Integração no contínuo de gestão de paradoxos. Boa parte deste capítulo saiu dos seminários e materiais desenvolvidos pelo Dr. Johnson e a Polarity Management Associates.[2]

A empresa familiar de Anna e o mapeamento da polaridade

O caso a seguir apresenta uma multinacional do setor de alimentos operada por uma grande família grega que já se encontra na terceira geração. O exemplo se baseia em várias empresas familiares diferentes e nos ajuda a contextualizar a construção do Mapa da Polaridade™.

A família utilizou os conceitos de gestão de paradoxos e mapeamento da polaridade para lidar com uma ampla variedade de questões durante mais de dez anos de reuniões familiares. Segundo Anna, a matriarca da família, "Aprendi a viver com **Ambos**/*E*". Ela continua:

> Eu enxergo o progresso que a nossa família já realizou e, ao mesmo tempo, todos os aspectos em que ainda precisamos crescer e nos desenvolver. No passado, eu teria muita dificuldade em aceitar que ambos os fatos são verdadeiros. Fui criada em uma casa muito Ou/Ou e nunca vivenciei uma mentalidade **Ambos**/*E*. O processo contínuo de trabalhar nossa família me ensinou isso.

Com relação a essa ideia, Anna lembra de uma conversa de alguns anos atrás:

> Eu estava muito triste por causa da distância entre mim e minha filha mais velha. Ela havia escolhido viver bem longe e só nos víamos uma vez por ano, no Natal. Mesmo com a distância, continuávamos a nos sentir muito próximas. Minha velha mentalidade Ou/Ou não conseguia entender essa realidade. Como era possível que ela escolhera morar tão longe, que nos víamos com tão pouca frequência, e ainda assim nos sentirmos tão próximas? Com o tempo, reconheci que era mais um exemplo de **Ambos**/*E*. Consegui relaxar e aceitar a realidade da situação, algo inédito na minha vida.

Anna descreveu uma série de experiências que ela lembrava, nascidas de anos de trabalhos com sua família, nas quais muitas vezes sentia duas emoções supostamente contraditórias: orgulho dos netos e decepção com eles; carinho e aceitação em relação ao genro, medo e raiva dele. Para Anna, reconhecer essa natureza dupla da realidade criou uma sensação de liberdade. Anna relacionou essa descoberta avanços importantes na capacidade da família de atuar como guia forte e competente da empresa familiar:

> Quando eu era pequena, meus pais não toleravam discordâncias ou conflitos. Eles também não toleravam as diferenças entre as pessoas. Meus pais teriam muita dificuldade para entender o conceito de **Ambos**/*E*. Como não podíamos expressar o fato de discordarmos uns dos outros, quase nunca dizíamos o que sentíamos. Por consequência, as decisões que tomávamos não refletiam o que pensávamos e sentíamos de verdade de forma que conflitos mais intensos explodiam em momentos inesperados! Vivíamos em um estado de incerteza, sem nunca saber quando essa discórdia silenciosa explodiria. Paradoxalmente, viver o conceito de **Ambos**/*E* nos dá mais segurança quanto às decisões. Elas se baseiam na realidade, não em fantasias ou desejos.

Conversando sobre sua experiência na empresa familiar, Anna lembrou o quanto a família se esforçara preparando a transição para a nova geração. Por exemplo, a família desenvolveu um programa de estágios de verão e uma política de emprego de familiares; vários adolescentes da nova geração participaram do programa de estágio, o que beneficiou os participantes e também a empresa. "Nunca teríamos um programa assim no passado." Anna continua:

> Meu pai não acreditava na ideia de envolver os familiares. Ele tinha medo deles interferirem com sua capacidade de administrar a empresa. Meu marido, o genro do fundador, se tornou o CEO na segunda geração. Foi a melhor solução para nós, pois escolher um sucessor dentre os irmãos teria sido muito difícil. Mas gostaríamos de fazer algo diferente para nossos filhos. Vemos isso como outro exemplo de **Ambos**/E: queremos introduzir a nova geração ao negócio de um modo que respeite as necessidades da empresa e as da família. Não queremos fazer uma escolha Ou/Ou.

Para a família de Anna, implementar o conceito de **Ambos**/E incluiu o uso do mapeamento da polaridade. A técnica explora em detalhes os dois lados que compõem o paradoxo (ou "polaridade", como é chamado na obra do Dr. Barry Johnson) de maneiras que ajudam a maximizar as vantagens e minimizar as desvantagens de cada lado. Assim, o mapeamento é uma maneira de implementar a abordagem de Integração apresentada no contínuo de gestão de paradoxos do Capítulo 5. As próximas seções detalham os passos específicos envolvidos no mapeamento da polaridade, usando o exemplo de como a empresa familiar de Anna criou um programa de estágio.

Reúna um grupo e identifique os polos (Passos 1 e 2)

O primeiro passo para completar um Mapa da Polaridade™ é reunir o grupo apropriado de indivíduos para trabalhar com o processo. Para Anna, o grupo consistia de familiares, com contribuições da equipe de RH da empresa. O grupo precisa trabalhar na identificação de dois valores independentes (ou lados, ou polos) que atuam no sistema. No caso do estágio familiar, a família de Anna chamou os dois lados de "Um estágio que apoie a empresa" e "Um estágio que apoie a família", como representado na Figura 6.1.

Na hora de batizar os dois lados, é importante usar valores positivos e desejáveis para ambos. A ideia do mapa não é compôr dois lados "opostos" no sentido tradicional da palavra. Por exemplo, não seria útil pensar em dois polos nesse caso como "Apoia a empresa" e "Prejudica a empresa" ou "Honra as necessidades da família" e "Ignora as necessidades da família". Os lados devem refletir os aspectos positivos.

136 Gerenciando Ambos

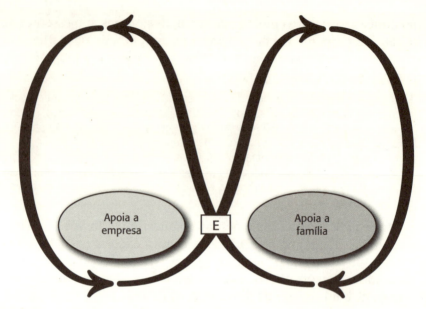

Figura 6.1 Exemplo de estágio familiar: dê nome aos polos (lados).

Liste as vantagens e desvantagens (Passo 3)

Depois que dois lados (ou valores) foram identificados e batizados, o grupo deve começar a pensar sobre as vantagens associadas a cada um e listá-las no quadrante superior correspondente (como vemos na Figura 6.2). Observe que as vantagens não devem ser os "prós" de cada lado. No caso de Anna, nessa fase, o grupo usou duas perguntas para orientação: "Quais os benefícios de criar um estágio que apoie a família?" e "Quais os benefícios de criar um estágio que apoie a empresa?" O grupo colocou suas respostas a essas perguntas nos dois quadrantes de *Vantagens* no Mapa da Polaridade^{TM}, como representado na Figura 6.2.

Considerar as vantagens de cada valor é, por definição, uma abordagem **Ambos**/*E*. Por mais que um lado seja preferido pelo grupo, completar um Mapa da Polaridade^{TM} força todos a se conscientizarem dos benefícios de ambos os lados do paradoxo. Dessa maneira, o processo constrói entendimento e respeito por uma posição que, no passado, parecia estranha ou claramente oposta às práticas estabelecidas na empresa ou na família. O mapa também estabelece um fórum para indivíduos cujo ponto de vista talvez não fosse bem ouvido ou compreendido no

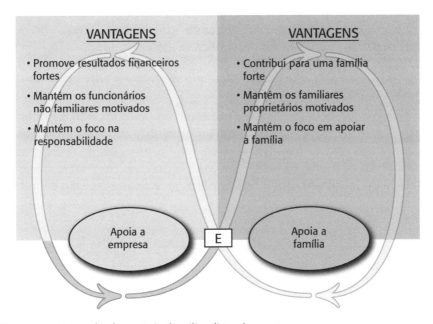

Figura 6.2 Exemplo de estágio familiar: lista de vantagens.

passado. Finalmente, o mapa cria uma plataforma para conversas abertas que levam todos a uma direção benéfica e de apoio mútuo, pois a conversa se concentra na situação e não nos indivíduos.

Como a abordagem do Mapa da Polaridade^{TM} se baseia no realismo, ela também reconhece a necessidade de explorar o lado negativo, as possíveis desvantagens, de cada valor, e não apenas as vantagens. Assim, na sequência, o grupo que está criando o mapa deve realizar um *brainstorming* para descobrir os resultados negativos do *foco excessivo* em um polo. Observe que não se trata de debater os contras de cada lado. Em vez disso, o mapa é construído de modo a refletir o caso extremo, no qual um polo é ignorado em favor de outro e vice-versa.

A equipe de Anna decidiu abordar esse passo respondendo duas perguntas: "Quais os resultados negativos de criar um estágio que enfoque a família em excesso e ignore a empresa?" e "Quais os resultados negativos de criar um estágio que enfoque a empresa em excesso e ignore a família?" O grupo adicionou suas respostas aos respectivos quadrantes de *Desvantagens* no Mapa da Polaridade^{TM}, como vemos na Figura 6.3

Assim como preencher as vantagens do Mapa da Polaridade™ leva a uma ampla variedade de *insights*, completar as desvantagens do mapa também produz várias revelações valiosas, em parte porque a forte preferência por um lado da polaridade costuma ser acompanhada da incapacidade de enxergar suas desvantagens. Por outro lado, com esse processo, o grupo também pode descobrir sinais de que estava enfatizando demais, talvez até demonizando, as desvantagens do polo que não é preferido. Assim como em tantos outros empreendimentos, os meios são mais importantes do que os fins: quem participa do processo de criar o mapa se beneficia de ouvir, entender e alcançar um consenso sobre a melhor maneira de capturar e, em última análise, gerenciar a questão em pauta.

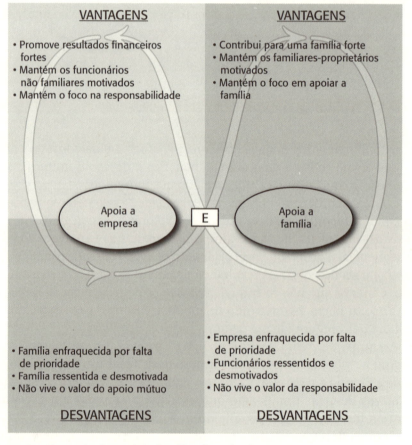

Figura 6.3 Exemplo de estágio familiar: lista de desvantagens.

Aprecie o infinito (Passo 4)

A forma e estrutura do Mapa da Polaridade™ não é nenhum acidente. Os criadores do mapa tomaram a decisão consciente de utilizar uma grade para demonstrar o movimento previsível entre os dois polos ou dois lados do paradoxo. Para ser mais específico, o movimento pelo Mapa da Polaridade™ reproduz a forma do símbolo de infinito, dando a volta de um lado da grade para o outro, demarcando um arco entre os dois. O movimento pode começar em qualquer lugar no mapa, mas o ponto de partida mais natural é a parte das vantagens no polo preferido pelo indivíduo ou grupo. Nesse caso, o símbolo de infinito começaria na vantagem de um valor e avançaria para as desvantagens do mesmo polo, depois avançaria na diagonal até as vantagens do outro polo, passaria para as desvantagens deste e depois retornaria para as vantagens do lado oposto também na diagonal, voltando à posição original.

Esse símbolo do infinito representa o fluxo natural entre os dois polos. O movimento nunca para, ainda que sua forma (altura e largura) varie muito com o tempo e a situação. Muita gente acha que o "melhor" lugar no Mapa da Polaridade™ é o quadrante das vantagens do polo preferido. No entanto, como o movimento dentro do mapa é inevitável, tentar ficar sempre em qualquer quadrante de vantagens é impossível. Além disso, a ênfase excessiva em um lado inevitavelmente força a empresa a enfrentar suas desvantagens. Com a busca consciente por ações e abordagens que reforcem ambos os lados, é possível minimizar o tempo gasto em ambos os quadrantes de desvantagens. Assim, a "estabilidade" seria descrita como um movimento produtivo entre os dois polos, formando o símbolo do infinito, focado principalmente nas vantagens de ambos os polos, com o mínimo de tempo e energia destinado às desvantagens.

O exemplo de Mapa da Polaridade™ na Figura 6.3 mostra como uma empresa familiar avançaria naturalmente pelo símbolo do infinito. Na verdade, Anna e sua empresa familiar se movimentaram entre os polos quando desenvolveram o programa de estágio familiar. Albert, marido de Anna e CEO da empresa, começou o processo expressando a importância de colocar a empresa em primeiro lugar na hora de criar o estágio. De acordo com Albert, enfocar a empresa o ajudaria a seguir atraindo e retendo bons funcionários de fora da família e criaria uma cultura de responsabilidade pessoal. Com essas declarações, Albert posicionou sua abordagem no lado das vantagens do valor que coloca a empresa em primeiro lugar, ou seja, o estágio que apoio a empresa.

Entretanto, enquanto Albert falava em manter o foco na empresa, vários familiares se sentiram desconfortáveis. Eles começaram a se preocupar com a ideia de que Albert aceitaria apenas um estágio que enfatizasse as necessidades da empresa, em detrimento das necessidades da família. A abordagem poderia desmotivar os familiares da nova geração e fazer com que se sentissem sem o apoio da empresa. O programa de estágio que Albert imaginava provavelmente enfraqueceria a ligação entre família e empresa e, portanto, representava um passo na direção errada.

Ninguém ficou mais desconfortável com essa abordagem do que Kate, a irmã de Anna. Desde muito cedo, o filho mais velho de Kate se interessava pela empresa e buscava oportunidades de trabalhar nela. Não por acaso, Kate gravitava em direção às vantagens do valor que enfocava a família: ela defendia um programa de estágio que recebesse todos os familiares interessados na empresa. Ela também sugeria que um estágio centrado na família criaria uma ligação forte entre família e empresa, o que também fortaleceria a família. Mas quanto mais Kate falava sobre as vantagens de um programa de estágio forte e centrado na família, mais Albert se preocupava com a presença indevida de familiares. Ele se preocupava com a possibilidade do programa criar um ônus desnecessário para os funcionários, distraindo-os do trabalho e talvez até enfraquecendo a cultura de responsabilidade pessoal que trabalhara tanto para reforçar.

As percepções discrepantes de Albert e Kate demonstram como a família avança pelos quatro quadrantes do Mapa da Polaridade^{TM}. Nenhuma posição está certa ou errada; **ambos** os valores contêm verdade e sabedoria. Com isso em mente, a família de Anna avançou pelo Mapa da Polaridade^{TM} e desenvolveu um estágio que honra **ambas**, família *e* empresa. No processo, Albert e Kate também aprenderam a apreciar a importância de um conjunto de princípios que pareciam opostos uns aos outros.

Paradoxalmente, conforme um valor no mapa é colocado acima do outro, o grupo sofre uma pressão cada vez maior na direção das desvantagens do polo enfatizado. Assim, quanto mais Kate defendia um estágio que colocasse a família em primeiro lugar, mais os membros do grupo articulavam as vantagens de enfocar as necessidades da empresa.

Quando Kate relaxou e reconheceu a importância das necessidades da empresa, a família também parou de defender a empresa contra o que via como a falta de sensibilidade por parte de Kate.

Entretanto, à medida que o grupo começou a enfatizar mais um estágio que enfocasse a empresa para manter um bom desempenho financeiro e reter funcionários motivados e talentosos de fora da família, surgiu um desconforto com a abordagem que colocava a empresa em primeiro lugar. O grupo se preocupava com a possibilidade de surgir um distanciamento entre família e empresa, e também que a falta de atenção à família a tornaria mais fraca e dependente. A consciência sobre as desvantagens do foco excessivo na empresa naturalmente levou o grupo às vantagens de se enfocar a família.

Esse movimento, de um polo para o outro no Mapa da Polaridade™, é natural. Na verdade, ele é inevitável e impossível de interromper. Além disso, o movimento tem uma natureza positiva e corretiva, então não seria muito inteligente tentar impedi-lo. Manter o foco em ambos os polos, como parte de uma abordagem **Ambos**/*E*, atenua a oscilação entre os polos. O foco excessivo em um polo durante um período mais prolongado acaba resultando em uma oscilação mais ampla e profunda na outra direção. Assim, é importante tomar decisões conscientes para manter o foco em **ambos** os polos.

Identifique os Passos de Ação e Sinais de Perigo (Passo 5)

Os próximos dois passos na construção de um Mapa da Polaridade™ ajudam o grupo a manter, de uma maneira consciente, o foco em ambos os polos. Os passos envolvem a identificação dos Passos de Ação associados a ambas as vantagens e os Sinais de Perigo associados a ambas as desvantagens.

Nesse exemplo, os Passos de Ação representam passos específicos que a família pode dar para criar um estágio que apoie **ambas**, empresa *e* família. Tais passos são listados ao lado das vantagens de cada polo. Do mesmo modo, os Sinais de Perigo são identificados e anotados ao lado de cada um dos grupos de desvantagens. Eles descrevem indicadores que podem alertar o grupo para o fato de que o estágio pode estar dando foco excessivo a um único polo. A Figura 6.4 representa os Passos de Ação e Sinais de Perigo do mapa da família de Anna. Observe que nem sempre os dois passos são necessários para completar o mapa, mas identificar Passos de Ação e Sinais de Perigo costuma tornar o mapeamento

142 Gerenciando Ambos

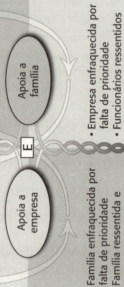

PASSOS DE AÇÃO
1. Revisar política & ouvir opinião do RH e dos principais gerentes
2. Familiares estudam tendências de emprego do setor e da empresa para entender as realidades da situação

SINAIS DE PERIGO
1. Nenhum familiar aborda a empresa para explorar opções
2. Nenhum familiar está qualificado para cargos na empresa, então nenhum familiar trabalha na empresa

PROPÓSITO MAIOR:
"Melhorar a empresa e a família com nossas práticas e políticas de emprego."

VANTAGENS — Apoia a empresa
- Promove resultados financeiros fortes
- Mantém os funcionários não familiares motivados
- Mantém o foco na responsabilidade

VANTAGENS — Apoia a família
- Contribui para uma família forte
- Mantém os familiares proprietários motivados
- Mantém o foco em apoiar a família

DESVANTAGENS — Apoia a empresa
- Família enfraquecida por falta de prioridade
- Família ressentida e desmotivada
- Não vive o valor do apoio mútuo

DESVANTAGENS — Apoia a família
- Empresa enfraquecida por falta de prioridade
- Funcionários ressentidos e desmotivados
- Não vive o valor da responsabilidade

MEDO FUNDAMENTAL:
"Prejudicar ou até destruir a família e/ou a empresa com nossas práticas e políticas de emprego."

PASSOS DE AÇÃO
1. Revisar política & ouvir opinião de familiares
2. Familiares estudam tendências de emprego do setor e da empresa para entender as realidades da situação

SINAIS DE PERIGO
1. Os funcionários passam um tempo excessivo respondendo a preocupações e perguntas dos familiares sobre oportunidades de emprego
2. Todos os familiares que abordam a empresa são contratados

Figura 6.4 Estágio familiar: Mapa da Polaridade™ completo.

mais completo e esclarecedor. Além disso, o grupo descobre ações específicas para alcançar a Integração.

Volte aos Passos de Ação no mapa da Figura 6.4. Talvez você se surpreenda em ver uma mesma ação nos dois conjuntos: "Familiares estudam tendências de emprego do setor e da empresa para entender as realidades da situação". Este é considerado um "passo de ação alavancado", pois promove as vantagens de ambos os polos. No exemplo, o passo apoia a família, pois dá aos parentes a oportunidade de aprender sobre as realidades do emprego em **ambos**, na empresa *e* no setor em geral, posicionando-os para serem mais eficazes em suas carreiras dentro ou fora da empresa. Ao mesmo tempo, o passo apoia a empresa, pois garante que a criação das políticas de estágio dará atenção às tendências do setor como um todo *e* da empresa em específico, atendendo melhor as necessidades desta.

Criar declarações de Propósito Maior e Medo Fundamental (Passo 6)

A essa altura, faltam dois passos para completar o mapa: preencher a declaração de Propósito Maior e a de Medo Fundamental. Em alguns casos, ambas são os primeiros itens anotados; em outros, elas emergem mais tarde, à medida que o grupo aprende mais com as outras seções. O Propósito Maior descreve a razão fundamental para gerenciar a polaridade, respondendo a pergunta: "Qual o objetivo geral que estamos tentando conquistar ao entender e gerenciar a polaridade?" O Medo Fundamental descreve o resultado negativo que todos estão tentando evitar; ele responde a pergunta: "Qual o resultado geral que queremos impedir ao entender e gerenciar a polaridade?" No exemplo, a declaração de Propósito Maior é "Melhorar a empresa e a família com nossas práticas e políticas de emprego", enquanto o Medo Fundamental é "Prejudicar ou até destruir a família e/ou a empresa com nossas práticas e políticas de emprego". O mapa da Figura 6.4 inclui essas declarações e agora finalmente está completo.

Promover círculos virtuosos e impedir círculos viciosos (Passo 7)

Os Mapas da Polaridade™ oferecem uma vantagem importante para quem se dá ao trabalho de completá-los. Além dos benefícios apresentados aqui, o mapa pode revelar a presença de círculos virtuosos e viciosos, indicados pelas flechas em espiral junto ao eixo vertical do mapa na Figura 6.4. O círculo virtuoso está presente quando os esforços da família se centram principalmente nas vantagens de ambos os polos, o que também é o objetivo da abordagem da Integração no contínuo de gestão de paradoxos. A família trabalha ativamente para realizar **ambos** os lados do paradoxo, de modo consistente e consciente, durante um longo período de tempo. Quando ela descobre que está enfatizando em excesso um polo e ignorando o outro, a família logo age para corrigir o desvio. Quando ambos os lados do paradoxo são trabalhados dessa maneira, a experiência das desvantagens é minimizada e o fluxo entre os dois é harmônico e produtivo.

Utilizando o caso da empresa familiar de Anna, um exemplo de círculo virtuoso é quando os familiares interessados no estágio podem agir de maneiras que respeitem todas as diretrizes que governam o programa: eles não pedem por considerações ou tratamentos especiais e são pontuais e completos no processo de candidatura. Nesse aspecto, eles enfatizam as necessidades da empresa. Por sua vez, o comportamento dos funcionários da empresa reflete o círculo virtuoso quando estes dão respostas completas e pontuais aos familiares e cumprem suas responsabilidades com respeito ao estágio. Nesse aspecto, eles enfatizam as necessidades da família. Esse comportamento profissional e respeitoso por parte de familiares e funcionários promove a simpatia e a parceria dentro do sistema. Cada ação virtuosa leva a um novo conjunto de ações virtuosas. Cada experiência positiva alicerça a seguinte. Ao compreender e respeitar as necessidades de **ambas**, empresa *e* família, todos os envolvidos promovem um sentimento profundo de respeito e confiança. Pode ser muito difícil iniciar um círculo virtuoso, mas depois de estabelecer as atitudes, práticas e políticas que os promovem, a natureza de autossustentação dos círculos virtuosos significa que eles são muito mais fáceis de manter.

Por outro lado, as empresas familiares podem descobrir que estão presas entre as desvantagens dos dois polos, criando um círculo vicioso. Por exemplo, os parentes de Anna poderiam agir como se tivessem o direito a tratamento especial enquanto candidatos e/ou estagiários, distraindo os funcionários do RH e de outros departamentos de suas responsabilidades normais. Nesse aspecto, eles teriam deixado de respeitar as necessidades da empresa. Esse comportamento seria recebido com ressentimento e defesa por parte dos funcionários envolvidos, que poderiam dar respostas atrasadas ou incompletas para a família. Nesse aspecto, eles teriam deixado de respeitar as necessidades da família. Os familiares envolvidos poderiam reagir com mais frustração, talvez até com a suspeita que os funcionários estavam tentando expulsá-los da empresa. É fácil enxergar de onde vêm esses círculos viciosos, como eles se fortalecem e como conseguem se perpetuar.

Então qual a solução para os círculos viciosos? É simples, basta agir de modo a prestar atenção explícita a ambos os polos e maximizar suas vantagens. Logo a dinâmica passa da competição por recursos escassos para a cooperação por recursos abundantes. Dar atenção aos *insights* e consciência representados pelo mapa facilita muito a transição.

Envolva-se com reflexão e aprendizagem grupal (Passo 8)

Como foi mencionado acima, a melhor maneira de completar o Mapa da Polaridade™ é reunir as partes interessadas que mais conhecem a situação analisada ou as que mais são afetadas por ela. No Mapa da Polaridade™ do programa de estágio da família de Anna, estas seriam o grupo sugerido anteriormente: familiares e principais membros da equipe de RH. Por si só, colaborar na elaboração do mapa produziria *insights* valiosos para o grupo. Mais uma vez, o processo trata mais de reunir as partes interessadas para alcançar um entendimento mútuo do que completar o mapa em si.

Completar um Mapa da Polaridade™ exige muito tempo e reflexão. A essa altura, faz sentido parar um instante e perguntar: "O que ganhei com todo esse tempo, esforço e análise?" A resposta é simples. O Mapa da Polaridade™ é uma ferramenta que apoia a exploração e o entendimento completos de dois lados interdependentes, mas que parecem opostos um ao outro, os elementos que compõem o paradoxo. A ferramenta é especialmente útil quando adotamos a abordagem de Integração do contínuo de gestão de paradoxos. O grupo confronta as desvantagens de se ignorar qualquer um dos lados, assim como as vantagens de se buscar o benefício de ambos.

O Mapa da Polaridade™ revela preferências pessoais e coletivas. Muitas vezes, enquanto completa o mapa, o grupo tem muita dificuldade em listar as vantagens de um dos polos; em casos extremos, o grupo pode ser incapaz de listar uma única vantagem. Por exemplo, uma família que analisa o paradoxo de empresa *e* família em primeiro lugar, com uma forte preferência pelo polo da empresa (talvez porque, historicamente, há uma preocupação quanto a colocar familiares sem qualificações para trabalhar na empresa) pode ter dificuldade para imaginar qualquer vantagem do polo da família, tudo por causa dos seus medos e

146 Gerenciando Ambos

Figura 6.5 Contínuo de gestão de paradoxos.

ansiedades. Entretanto, se a família tenta procurar o potencial de ambos os lados, ela pode se abrir para todo um universo de possibilidades que não enxergava antes.

Qual foi o resultado no caso da família de Anna? Ao completar o Mapa da Polaridade™, Kate, irmã de Anna, percebeu que ela não pensava muito nas necessidades da empresa, pois acreditava que a organização era grande e forte o suficiente para encontrar uma vaga para um familiar que buscasse um estágio, qualquer que fossem suas habilidades. Completar o mapa deu a Kate um entendimento profundo e sincero da importância de levar as necessidades da empresa em consideração na hora de desenvolver um estágio familiar. Albert, CEO da empresa e marido de Anna, começou a conversa muito preocupado com a possibilidade de um estágio que criaria a noção de um "direito de nascença" entre a família, mas saiu com um respeito mais profundo pelos benefícios de ter familiares com experiência direta na empresa da qual são proprietários, incluindo usar suas paixões e interesses para aumentar os níveis de energia e coesão na empresa.

O contínuo e o mapa

O processo de mapeamento da polaridade ajudou Kate, Albert e outros familiares a perderem muitos dos medos que tinham em relação ao estágio. O programa que o grupo criou honrava explicitamente as necessidades de **ambas**, família *e* empresa, e foi um grande sucesso. Como sugerido anteriormente, é um exemplo do nível da Integração no contínuo de gestão de paradoxos (ver Figura 6.5), uma abordagem que busca maximizar as oportunidades e minimizar os pontos fracos de **ambos** os lados. O Mapa da Polaridade™ pode ser uma ferramenta essencial para o pensamento **Ambos**/*E*. O processo de mapear uma polaridade também revela possibilidades no próximo nível desse tipo de pensamento: a Síntese. A Síntese envolve encontrar maneiras de trabalhar ambos os lados ao mesmo tempo. O passo de ação alavancado (em outras palavras, fazer com que os familiares estudem as tendências do setor e da empresa) descobertos durante a criação do mapa da família de Anna é um exemplo de passo em direção à Síntese, pois atende as necessidades da família e da empresa ao mesmo tempo.

Além disso, as famílias que passam um período longo o suficiente compreendendo e gerenciando ativamente os paradoxos desenvolvem um nível de habilidade e entendimento que pode ajudá-las a alcançar o nível de Fusão, a maior abordagem **Ambos**/*E*. Na família de Anna, o estado da Fusão poderia ser representado pelo desenvolvimento de toda uma série de cursos familiares e empresariais que começariam quando os membros atingissem os 5 ou 10 anos de idade. Nesse cenário, os familiares mais jovens provavelmente ouviriam os filhos mais velhos falarem sobre suas experiências com estágios. Os relatos incluiriam uma avaliação por parte dos participantes sobre como o sistema alcançou um equilíbrio ideal entre foco na família e foco na empresa. As conversas também envolveriam uma análise dos possíveis círculos virtuosos e viciosos do programa de estágio. Usar o estágio para ajudar os familiares a antecipar e se preparar para funções futuras enquanto proprietários e/ou funcionários da empresa criaria uma Fusão ainda mais profunda no sistema.

Outro Mapa da Polaridade™: Conselhos familiares

Para destacar como o Mapa da Polaridade™ pode ajudar os grupos de empresas familiares a trabalharem discordâncias e tensões antigas ao mesmo tempo que promove **ambas**, família *e* empresa, pense em outro exemplo: a composição do conselho familiar. Muitas famílias discordam quanto aos critérios da composição do conselho: representação da família (ou seja, um certo número de familiares de cada grupo e/ou geração), ou habilidade, experiência e/ou interesse. Quando a questão é analisada enquanto paradoxo, não um problema a ser resolvido ou uma escolha a ser feita, fica evidente que os conselhos familiares precisam de **ambas**: habilidades *e* representação. Completar um Mapa da Polaridade™ para explorar o paradoxo gera novos *insights* para os envolvidos. A Figura 6.6 mostra um mapa possível para esse paradoxo; é claro que o mapa do seu grupo seria diferente, pois refletiria as características da sua situação específica.

O mapa mostra claramente a verdade e o valor em **ambos** os lados, além dos perigos de enfatizar um dos lados em detrimento do outro. É por isso que muitos dos grandes conselhos familiares enfocam a participação baseada em habilidades e em representatividade. Uma família, por exemplo, tenta ter pelo menos um conselheiro de cada geração e, sempre que possível, um de cada ramo. Mas a família combina essa abordagem com um foco em habilidades e experiência, garantindo que pelo menos um conselheiro será um líder e facilitador habilidoso, um será apaixonado pela história da família, um terá experiência em programas para os filhos (para desenvolver programas de desenvolvimento de carreira familiar, por exemplo) e assim por diante. No começo, a solução pode ser mais complexa do que as alternativas, mas ela aproveita a sabedoria de **ambas** as abordagens, as focadas em representação *e* as baseadas em habilidades. No total, ela representa uma abordagem que não é nem simplista nem desnecessariamente complexa.

Passo a passo do Mapa da Polaridade™

Cada grupo aborda o processo de mapeamento da própria maneira e áreas de foco diferentes beneficiam situações diferentes. A Tabela 6.1 apresenta um conjunto de diretrizes de como completar um Mapa da Polaridade™, com a ideia implícita de que a experiência da criação de cada mapa será específica ao grupo criador.

Uma Ferramenta Essencial: O Mapa de Polaridade™   **149**

PASSOS DE AÇÃO
1. Identificar claramente as habilidades e experiências de que o Conselho precisa e utilizar recrutamento ativo para inclui-las.
2. Criar programas de treinamento para ajudar os familiares a conquistar as habilidades desejadas.

SINAIS DE PERIGO
1. Novas pessoas, com habilidades e experiências diversas, não estão entrando no Conselho.
2. Algumas seções da família estão sempre ausentes do Conselho.

PROPÓSITO MAIOR
"O conselho familiar trabalha para a família."

VANTAGENS
Participação baseada em mérito, habilidade & experiência
- Foco em habilidades leva a mais produtividade
- O grupo de vozes mais qualificado está sentado à mesa
- Os resultados, enquanto prioridade, são alcançados

VANTAGENS
Participação baseada em representação da família
- Foco em representação produz relacionamentos mais fortes
- O grupo de vozes mais inclusivo está sentado à mesa
- A justiça, enquanto prioridade, é alcançada

PASSOS DE AÇÃO
1. Estender a mão para todas as partes da família garantindo a representatividade geral
2. Criar novas maneiras de manter toda a família informada sobre as atividades do Conselho.

SINAIS DE PERIGO
1. Habilidades e experiências importantes não estão presentes no Conselho.
2. Pessoas interessadas e habilidosas são excluídas porque vêm de partes da família que já têm representação

DESVANTAGENS
- Falta de habilidade leva a maus resultados
- Habilidades importantes ausentes do debate
- Conselho Não Profissional

DESVANTAGENS
- Exclusão leva a relacionamentos mais fracos
- Vozes importantes ausentes do debate
- Conselho exclusivo e elitista

MEDO FUNDAMENTAL
"O conselho familiar não trabalha para a família."

Figura 6.6 Mapa da Polaridade™ da composição do conselho familiar.

Tabela 6.1 Passo a passo do Mapa da Polaridade™

Passo de mapeamento do processo	Como implementar
Passo 1: Reúna um grupo	■ Reúna o grupo mais afetado pela situação a ser mapeada. ■ Ensine ao grupo os conceitos fundamentais relativos a paradoxos em geral e ao Mapa da Polaridade™ em particular.
Passo 2: Identifique os polos	■ A primeira coisa é batizar os dois valores que parecem estar em conflito; uma análise mais cuidadosa revela que eles deveriam estar apoiando um ao outro. Lembre-se de usar termos positivos ou neutros para ambos os lados.
Passo 3: Liste as vantagens e desvantagens	■ Preencha as vantagens e desvantagens de ambos os polos. A ordem será determinada pela situação específica que o grupo está enfrentando. – **Vantagens:** Para determiná-las, responda a seguinte pergunta: "Quais os benefícios de enfocar este lado?" – **Desvantagens:** Para determiná-las, responda a seguinte pergunta: "Quais os resultados negativos de enfocar este lado em excesso e ignorar o outro?" ■ Na sessão de *brainstorming*, comece pelas desvantagens. Lembre-se, no entanto, de que sequências alternativas podem ser mais adequadas; o Apêndice D apresenta exemplos adicionais.
Passo 4: Aprecie o infinito	Reflita e converse sobre o movimento entre os dois polos do Mapa da Polaridade™, muitas vezes descrito como "símbolo de infinito".
Passo 5: Identifique os Passos de Ação e Sinais de Perigo	■ Os **Passos de Ação** representam atos específicos que apoiam cada lado do paradoxo. Liste os Passos na margem da figura, ao lado de cada vantagem. ■ Os **Passos de Ação Alavancados** são atos específicos que apoiam ambos os lados do paradoxo (alinhados ao nível de Síntese no contínuo de paradoxos). ■ Os **Sinais de Perigo** representam avisos para conscientizar o leitor de que um polo está sendo ignorado enquanto outro recebe foco excessivo. Liste-os na margem da figura, ao lado de cada desvantagem.
Passo 6: Criar declarações de Propósito Maior e Medo Fundamental	■ **Declaração de Propósito Maior:** Anotada no alto do mapa, descreve a razão fundamental para se gerenciar o paradoxo. ■ **Declaração de Medo Fundamental:** Anotada na parte de baixo do mapa, descreve o resultado negativo que todos estão tentando evitar com a gestão do paradoxo. ■ Em geral, tais declarações são completadas no começo do processo para esclarecer o foco, ou então no fim, quando funcionam como resumos simples. Entretanto, elas podem ser completadas a qualquer momento durante o processo.

Tabela 6.1 Passo a passo do Mapa da Polaridade™ *(continuação)*

Passo de mapeamento do processo	Como implementar
Passo 7: Promover círculos virtuosos e evitar círculos viciosos	■ Os **círculos virtuosos** surgem quando o foco do grupo está principalmente nas vantagens de **ambos** os polos, o que é possível quando os envolvidos buscam ativamente **ambos** os lados do paradoxo, de modo consciente e consistente, durante um longo período de tempo. A experiência das desvantagens é minimizada e o fluxo entre os dois conjuntos de vantagens é harmônico e produtivo. Cada ação positiva e apoiadora leva à outra. ■ Os **círculos viciosos** ocorrem quando um grupo fica preso na parte das desvantagens de ambos os polos. É o resultado do foco excessivo em um lado do paradoxo, em detrimento do outro. Negligenciar um dos lados tende a concentrar o grupo na parte das desvantagens de ambos os polos. Ações destrutivas e desapoiadoras tendem a levar a tais ações. Os círculos viciosos podem ser quebrados com o foco e o respeito por **ambos** os lados do paradoxo.
Passo 8: Envolva-se com reflexão e aprendizagem grupal	■ Refletir, discutir, crescer... e aproveitar os *insights* que o mapa oferece!

Reflexões finais

Como foi visto neste capítulo, o Mapa da Polaridade™ oferece *insights* bastante úteis para os grupos que precisam enfrentar paradoxos. Gostaríamos de encerrar o capítulo com algumas observações:

- O uso de palavras neutras ou positivas em ambos os lados do paradoxo é essencial para criar as condições para um mapa que valorize **ambos**.
- Pedir ao grupo que batize os lados em equipe torna o mapa mais interessante e relevante para os envolvidos. Se pessoas de fora do grupo batizam os lados, o Mapa da Polaridade™ tende a ser menos útil e menos poderoso.
- Com frequência, os lados não serão "opostos" no sentido tradicional da palavra. Por exemplo, um paradoxo no qual um lado é a lealdade poderia incluir a liberdade como sua contraparte, não a deslealdade ou a traição. Do mesmo modo, o valor oposto à liberdade não é a prisão.

- Descrever o paradoxo com dois lados positivos aumenta o potencial de "ir além" da integração e produzir uma Síntese ou até mesmo uma Fusão.
- Independente do resultado do mapeamento da polaridade, realizar o processo aumenta o respeito mútuo da família e a habilidade de ouvir o que os outros têm a dizer.

O objetivo deste capítulo foi oferecer uma introdução básica ao Mapa da Polaridade™ e aplicar a ferramenta aos paradoxos das empresas familiares. O Apêndice D aplica o mapa da polaridade a vários outros paradoxos clássicos das empresas familiares, incluindo privacidade *e* transparência e colher *e* investir.

Parte IV

Conquistando Ambos

Todos reconhecem a importância da gestão de paradoxos nesses tempos de complexidades e desafio, como mostra um grande estudo recente da PriceWaterhouse:

> Uma nova "ciência" da administração está emergindo (...) [Os gerentes] precisarão ampliar [suas] competências (técnicas e habilidades analíticas, perseverança e conhecimento funcional) com instintos para equilíbrio e integração e com a capacidade de reconhecer e dominar as nuances (...) o segredo do sucesso será abordar a administração (de um modo) que não ignore ou dê explicações que nos façam desprezar a existência de contradições e incerteza – a existência do paradoxo (...) [Os gerentes] se tornarão mestres em equilibrar os paradoxos ou pontos de tensão que (...) perpassam suas empresas.[1]
>
> Price Waterhouse Change Integration Team, *The Paradox Principles*

Obviamente, os atributos culturais das empresas familiares determinam sua capacidade de gerenciar os paradoxos com sucesso, como veremos nesta última Parte.

7

Viva o Poder do Paradoxo

Depois de sentirmos os resultados (e o prazer) de utilizar o poder do paradoxo, pode ser difícil voltar ao foco exclusivo na solução de problemas tradicional. As abordagens **Ambos**/*E*, aplicadas de modo apropriado, são uma fonte irresistível de vantagem competitiva e podem se tornar viciantes.

> Uma crença não é apenas uma ideia que a mente possui, é uma ideia que possui a mente.[1]
>
> Robert Bolton

Um dos objetivos deste livro foi demonstrar que as empresas familiares precisam estar preparadas para resolver problemas tradicionais *e* gerenciar paradoxos. A solução de problemas tradicionais produz muitos benefícios, por exemplo, para decidir que produto levar ao mercado, determinar as dimensões da reforma da sede da empresa ou selecionar o próximo presidente do conselho. Assim, empresas familiares inteligentes identificam e gerenciam paradoxos, além de resolver problemas, e sabem diferenciar quando cada abordagem é necessária.

Fontes de continuidade

A continuidade através das gerações é o grande objetivo da maioria das empresas familiares. Esse propósito dá a elas a perspectiva, firmeza, energia e comprometimento para enfrentar os paradoxos que surgem periodicamente pelo caminho. As empresas familiares buscam desenvolver a *capacidade* e a *capacitação* para gerenciar os paradoxos com eficácia. Na Introdução, os dois conceitos foram definidos da seguinte maneira:

- A **capacidade** de identificar paradoxos e compreender e aceitar a ambiguidade associada com eles.
- A **capacitação** para usar ambos os lados do paradoxo para gerar *insights* mais profundos e resultados de longo prazo superiores.

Ambas as abordagens, heurística *e* algorítmica, são necessárias para o sucesso nessa área. A estrutura oferecida pelas abordagens algorítmicas, combinadas com a experimentação exigida pelas heurísticas, ajuda as empresas familiares a expandirem sua capacidade e capacitação para gerenciar paradoxos. As empresas familiares ainda têm a vantagem de largar na frente, pois seu DNA inclui uma habilidade incrível de reconhecer a presença de paradoxos.

Pertencer a uma empresa familiar significa que pais, avós, tios, tias e até primos conhecem muito bem as contradições difíceis, às vezes até aparentemente insolúveis, que surgem no caminho. Talvez todos já tenham sentado para tomar café e confrontar as necessidades de familiares e ramos da família, vistas como opostas entre si. Ou talvez tenham feito serão em salas de reunião, batalhando para conciliar os requisitos conflitantes apresentados pelas partes interessadas. Independente dos detalhes específicos de cada situação, as empresas familiares sabem reconhecer essas dinâmicas sempre que elas surgem. Desde o primeiro momento, elas sabem que alcançar a energia inerente aos paradoxos é uma parte essencial do ambiente das empresas familiares. Elas aprenderam tudo isso com muitos anos de observação e interação com a família e a empresa.

Além de ter a capacidade de reconhecer um paradoxo quando encontram um pelo caminho, a maioria das empresas familiares também desenvolveu as capacitações necessárias para gerenciar os paradoxos de uma maneira produtiva. Esse fato é mais comum entre as empresas familiares porque não há espaço para nada além de uma solução em que todos saem ganhando quando se trata da união de empresa e família. Prejudicar a empresa ou a família não são opções viáveis. A capacitação das empresas familiares para aceitarem essas tensões e buscarem abordagens **Ambos**/E pode levar ao sucesso em ambas as arenas. Esse conhecimento ou capacitação não costuma ser explícito, mas continua extremamente útil. À medida que mais empresas familiares passam a entender os conceitos e técnicas da gestão de paradoxos, essa habilidade implícita se torna mais explícita e, portanto, ainda mais útil.

A cultura libera o poder do paradoxo

Algumas famílias e empresas são muito boas na gestão de paradoxos. Para outras, os paradoxos são uma batalha interminável. Descobrir a presença de um paradoxo e inventar uma maneira de aproveitar as oportunidades que ele contém parece ser uma tarefa proveitosa e prazerosa para algumas organizações, mas frustrante e pouco produtiva para outras. A capacidade do sistema de gerenciar os paradoxos costuma ser determinada pela sua *cultura*, o que inclui valores, costumes, tradições e normas. Quais culturas corporativas e familiares promovem o sucesso na gestão de paradoxos? Quais atributos culturais atrapalham? Um estudo de caso, baseado em um exemplo da vida real, com nomes e detalhes alterados, nos ajuda a responder essas perguntas.

Bonner Construction

Membro da terceira geração da família, Bruce Bonner é o CEO de uma empresa de construção rodoviária no estado do Maine. A empresa tem um estilo claro e direto de trabalhar. Ela é enxuta, com um escritório central minúsculo que apoia dezenas de gerentes de projetos e equipes rodoviárias espalhados por uma área gigantesca. Bruce e sua equipe quase nunca buscam as dicas de *best-sellers* de administração ou gurus famosos. Em vez disso, eles confiam principalmente na sabedoria das duas gerações anteriores, cujo estilo de liderança produziu várias décadas de sucesso. Uma análise mais detalhada revela que a cultura corporativa da Bonner Construction é especialmente capaz de apoiar a mentalidade **Ambos**/E necessária para gerenciar paradoxos com sucesso.

Bruce não está explicitamente consciente da sua abordagem, mas ainda assim consegue administrar vários paradoxos importantes quando contrata novos gerentes de projetos. Por exemplo, no processo de contratação, o lema da Bonner Construction é "desacelerar para ir rápido". Apesar da reputação de ser uma das empresas de pavimentação mais rápidas e completas da Costa Leste, quando se trata de contratar novos funcionários, a firma pisa no freio e desacelera todos os aspectos do processo. Por exemplo, Bruce reserva tempo para visitar diversos cursos de engenharia todos os anos para entrevistar pessoalmente os alunos recém-formados.

Como a continuidade sempre foi uma motivação crucial na família Bonner, historicamente, a empresa sempre adotou um estilo cuidadoso no processo de contratação, buscando colaboradores sólidos que provavelmente construiriam carreiras duradouras com a empresa. O processo de seleção dura vários meses e inclui entrevistas formais e informais. Quando a Bonner Construction finalmente oferece um emprego ao candidato, Bruce Bonner e sua equipe já passaram o equivalente a pelo menos três dias completos com o candidato e fizeram de tudo para determinar se ele vai se encaixar na empresa.

Bruce gerencia ativamente a tensão entre ser decisivo *e* reflexivo nas decisões sobre novas contratações. Bruce estende o processo de contratação de um modo reflexivo, garantindo que um conjunto de dados abrangente será considerado antes de tomar qualquer decisão. Entretanto, depois da oferta de emprego ser feita, o processo é rápido e decisivo. A equipe define responsabilidades de trabalho específicas e elabora cronogramas de treinamento puxados, tudo para que o novo funcionário comece a trabalhar com o máximo de rapidez e eficácia.

Bruce também administra a tensão entre cuidar de pessoas *e* cuidar de projetos. Ninguém duvida que a Bonner Construction presta atenção nos projetos, com o foco extremo que a empresa tem em completar os trabalhos a tempo e dentro do orçamento. Entretanto, com a atenção detalhada e pessoal que Bruce dá ao processo de contratação, ele demonstra que aprecia a importância de cuidar das pessoas. Esse estilo de contratação começou muitas décadas antes, com o pai e o avô de Bruce, que também se envolviam bastante com o recrutamento de novos gerentes.

Finalmente, Bruce e sua equipe aprenderam que os dados não são os únicos fatores relevantes em contratações. Bruce se relaciona de **ambas** as maneiras com os candidatos, formal *e* informal, levando-os para almoçar e oferecendo carona nas viagens de uma obra para outra, o que suplementa a avaliação dos currículos e credenciais com suas reações instintivas às habilidades interpessoais dos candidatos. As equipes da Bonner Construction passam muitas semanas sozinhas em partes remotas do Maine, então se dar bem com os colegas é uma habilidade tão importante para o gerente de projetos quanto as competências técnicas. A decisão de contratação considera ambos os lados, o que ajuda a equipe da Bonner a gerenciar o paradoxo tomada de decisão instintiva *e* tomada de decisão baseada em dados.

Assim, a Bonner Construction oferece um exemplo de cultura corporativa que sabe gerenciar com elegância os diversos paradoxos presentes no processo de contratação. A abordagem nunca foi explicitada, mas a família e a empresa têm um longo histórico de aceitar a complexidade inerente de diversos paradoxos e gerenciá-los com paciência em vez de implementar soluções precipitadas que provavelmente criarão mais problemas do que vão resolver.

Condições culturais ideais

Na Introdução deste livro, quatro fatores fundamentais foram destacados como necessários para desenvolver a capacidade e habilidade para gerenciar paradoxos. São eles:

- Reconhecer que a questão representada pelo paradoxo é diferente dos problemas de negócios comuns.
- Apreciar e aceitar a ambiguidade e incerteza inerentes ao paradoxo; resistir à ânsia por soluções.
- Aceitar (e até apreciar) a tensão e energia inerentes contidas nos dois lados aparentemente opostos do paradoxo.
- Desenvolver as habilidades e técnicas necessárias para gerenciar paradoxos com sucesso.

Como a cultura da empresa e da família pode integrar esses quatro fatores ao cotidiano? Algumas empresas familiares desenvolveram abordagens, tanto na família quanto na empresa, que apoiam naturalmente a gestão de paradoxos. Para elas, a Integração e a Síntese são parte integral da tomada de decisões e do discurso de cada dia, nada mais nada menos que o modo de trabalhar. O que as culturas dessas empresas familiares têm em comum? As condições culturais abaixo são encontradas com consistência nessas empresas familiares (a lista não aspira à completude):

- Curiosidade irresistível
- Perspectiva de longo prazo
- Excelência em solução de problemas
- Confiança sólida
- Comunicação ampla.

Condição cultural 1: Curiosidade irresistível

As famílias e empresas que sabem gerenciar paradoxos tendem a ser curiosas, não críticas. Confrontadas com informações ou situações novas e desafiadoras, em vez de tirar conclusões precipitadas, elas tendem a responder com perguntas. Isso não significa que são incapazes de fazer críticas ou avaliações, apenas que, por sua cultura curiosa, elas tendem a evitar opiniões absolutas ou generalizações excessivas baseadas em informações insuficientes.

Nessas culturas, as críticas tendem a ser construtivas, não destrutivas. Primeiro os indivíduos buscam um entendimento e depois chegam a conclusões finais. Coletar dados e ouvir os outros são um estilo de vida nesses ambientes. As perguntas são muitas, as proclamações, raras. As normas (ou regras informais que governam o comportamento) enfatizam o entendimento mútuo. A Tabela 7.1 contrasta as Culturas mais Críticas com as Culturas mais Curiosas. O segundo grupo é significativamente mais propício à gestão de paradoxos.

As empresas familiares tendem a ser mais ou menos curiosas do que as de capital aberto? A pergunta não tem uma resposta simples. Como observamos várias vezes neste livro, as empresas familiares tendem a gerenciar os paradoxos bem devido a seus históricos e perspectivas, mas nem sempre. Algumas famílias com culturas mais críticas tendem a colocar certas pessoas e ideias em um pedestal. Normalmente, tudo começa com o fundador da empresa, representado como uma figura mitológica. Em geral, os mitos familiares idolatram a geração dos fundadores e os parentes que nem sempre representam explicitamente os hábitos e características do fundador podem ser alvo de críticas ferozes.

Outras famílias proprietárias podem desenvolver uma cultura relativamente menos idealizadora, que celebra as diferenças entre familiares e as contribuições de todos os tamanhos. Esses grupos tendem a ser mais receptivos e fazem menos avaliações críticas baseadas em diferenças específicas. Na realidade, ambas as dinâmicas são importan-

Tabela 7.1 Comparação de amostra de atributos culturais

	Culturas críticas (menos propícias à gestão de paradoxos)	**Culturas curiosas (mais propícias à gestão de paradoxos)**
Valores	Foco em práticas, não crenças	Reafirmadas e reforçadas com regularidade
Normas	Ênfase em certo e errado	Ênfase na compreensão mútua
Abordagem de comunicação	Fazer afirmações e declarações	Ouvir e perguntar
Autodescrição	"Nossa família não é como as outras, somos muitos especiais"	"Nossa família é como a grande maioria, apesar de termos oportunidades e deveres especiais"

tes e reforçam uma à outra: aceitação incondicional e condicional (ou seja, a ideia de que não é errado encorajar um indivíduo a modificar comportamentos que não são ideias para o grupo). São os dois lados de um paradoxo. Em uma empresa familiar saudável, a aceitação incondicional está por trás da abordagem à família, mas parte do sucesso nos negócios se deve à aceitação condicional de pessoas, ideias e processos importantes para a empresa (como vimos no Capítulo 1). Uma empresa familiar curiosa tem maior probabilidade de gerenciar esse paradoxo (e muitos outros) com sucesso e também tem menor probabilidade de tomar decisões prematuras sobre o que pode ser aceito ou não.

Condição cultural 2: Perspectiva de longo prazo

Um tema central implícito nas abordagens enfatizadas até aqui é o da paciência, ou seja, fazer uma pausa para compreender e gerenciar o paradoxo em questão. Como a Bonner Construction bem sabe, às vezes, a melhor maneira de ir rápido é desacelerar. Logo, não é coincidência que as culturas que enfatizam velocidade, resultados e conclusões, sem equilibrar essa ênfase com coleta de dados, investigação e deliberações, têm dificuldade para gerenciar paradoxos. Em um capítulo anterior, observamos que a Toyota encoraja os pontos de vista contraditórios e encoraja os funcionários a transcender diferenças e não recorrer a meios-termos para encontrar soluções. Abordagens desse tipo são demoradas. A Integração e a Síntese também exigem tempo e esforço, mas também levam a velocidade e qualidade de ação maiores do que as outras no longo prazo.

As empresas familiares têm algumas vantagens com relação a esse atributo cultural. A ênfase na continuidade, em perpetuar a família para as gerações futuras, ajuda a manter o foco no longo prazo. Além disso, ao contrário das empresas de capital aberto, as empresas controladas por famílias têm o luxo de medir os resultados em termos de décadas, não trimestres. Tudo isso dá o espaço necessário para o sucesso na gestão de paradoxos. As empresas familiares também costumam estar mais confortáveis com mudanças incrementais, não as revolucionárias. Em vez de pronunciamentos drásticos que criam reviravoltas na empresa, em geral, as empresas familiares investem o tempo necessário para gerar entendimento e consenso entre as partes interessadas antes de tomar uma decisão. Para elas, trata-se de evolução, não revolução. Mas tudo isso tem vantagens e desvantagens que precisam ser gerenciadas. A continuidade da empresa pode ser ameaçada pela ênfase excessiva no longo prazo, que pode levar à ausência de ações decisivas para gerar mudanças ou benefícios no curto prazo.

Condição cultural 3: Excelência em solução de problemas

Como vimos neste livro, os paradoxos representam um tipo de problema especial. Pela lógica, as culturas familiares e empresariais que sabem gerenciar paradoxos são aquelas que sabem gerenciar todo e qualquer tipo de problema. É essencial ter uma atitude de melhoria contínua, incluindo a expectativa de que vale a pena buscar a excelência, além da aceitação humilde de que sempre podemos crescer mais um pouco.

Assim, como as empresas familiares podem promover uma cultura que inclua habilidades de solução de problemas de classe mundial? Ambientes-modelo oferecem oportunidades de treinamento periódicas para funcionários e familiares, ajudando-os a desenvolver e aplicar suas habilidades de solução de problemas. Na verdade, a ênfase em educação é parte integral dessas culturas, com ambas, empresa e família, enfatizando o planejamento e a implementação de programas educacionais.

Esses propósitos recebem amplos orçamentos educacionais, talvez parte dos orçamentos de relações com acionistas ou conselho familiar. Existem veículos bem desenvolvidos que permitem que a aprendizagem seja compartilhada entre os participantes, desde simples listas de discussão por e-mail até sistemas complexos, como uma intranet familiar ou uma "conferência de aprendizagem". É possível desenvolver parcerias de aprendizagem com faculdades e universidades locais. Em **ambas**, empresa *e* família, é possível estabelecer comitês ou forças-tarefa de solução de problemas. Os indivíduos têm habilidades bem desenvolvidas de colaboração e trabalho em equipe; as equipes recrutam membros com diversos históricos, habilidades e estilos, sabendo que a diversidade é um fator importante para o sucesso. Uma ampla variedade de metodologias de avaliação e *feedback* são implementadas. As abordagens vão muito além da avaliação de desempenho. Espera-se a avaliação ou auditoria periódica de sistemas e processos, na empresa e na família. Relatórios e apresentações sobre medidas de melhoria contínua são divulgados regularmente e para diversos públicos.

Esses componentes criam diversos fóruns e canais para que os funcionários e familiares possam questionar o "normal"; na verdade, nessas culturas, o normal é enfocar a melhoria contínua. A cultura resultante acaba dando muito apoio às abordagens Ou/Ou *e* as **Ambos**/*E*. Mais uma vez, o foco das empresas familiares na continuidade ajuda:

melhorias reais e sustentáveis costumam demorar, o que faz das empresas familiares incubadoras perfeitas para culturas que enfatizam, e têm maior probabilidade de cultivar, habilidades de solução de problemas de classe mundial.

Capacitação cultural 4: Confiança sólida

A gestão de paradoxos exige uma cultura de confiança dentro da família e da empresa. Esse fator dá às empresas familiares uma vantagem em relação às outras, pois elas costumam afirmar que a confiança é o seu valor mais comum, junto com a integridade. Mas quais as principais características de uma cultura de confiança?

- Curiosidade sincera, respeito e honra por diversos pontos de vista, pois a confiança é construída quando sabemos ouvir e aprender com franqueza e honestidade.
- A presença da vulnerabilidade, pois a confiança cresce quando os indivíduos estão dispostos a depender uns dos outros de modos significativos.
- Habilidades bem desenvolvidas de comunicação e gerenciamento de conflitos, pois nem sempre é fácil compreender os outros, especialmente quando estes não veem a situação da mesma maneira que nós.
- Estruturas consensuais, dentro das quais é possível realizar um processo justo e confiável, pois a confiança depende da clareza e da consistência.
- Perspectiva de longo prazo, pois a confiança só pode ser construída com comportamentos confiáveis e consistentes durante um longo período de tempo.

É verdade que as empresas familiares tendem a ter níveis de confiança maiores do que as empresas de capital aberto? Não temos uma resposta clara para essa questão, mas a maioria das famílias proprietárias de empresas reconhecem que a confiança é uma das condições mais essenciais para a continuidade. Por consequência, elas tentam ativamente fortalecer a confiança. Por exemplo, as reuniões familiares e outros eventos do tipo são organizados como oportunidades conscientes para que os indivíduos se conheçam melhor e desenvolvam relacionamentos mais fortes e mais cheios de confiança. Em geral, as empresas familiares que buscam desenvolver a confiança ativamente têm culturas mais ricas em confiança.

Entretanto, muitos dos fatores que promovem a confiança também podem ameaçá-la. O longo histórico da família pode representar uma série de testes de confiança. Por exemplo, em muitas empresas familiares, um ramo pode ter ressentimento dos outros ou suspeitar deles por causa de conflitos traumáticos que ocorreram muitos anos antes. Em alguns casos, os descendentes sequer conhecem a fonte exata da rixa, eles sabem apenas como alimentá-la.

Essas culturas com baixos níveis de confiança não são receptivas ao estilo **Ambos**/*E*, então elas têm dificuldade para gerenciar paradoxos. Mas outras culturas, mais dadas à confiança, promovem uma gestão de paradoxos produtiva, em parte porque os membros se sentem confortáveis entre a incerteza e a ambiguidade, pois sabem que podem confiar no grupo para enfrentar problemas novos e difíceis. O sucesso nessa área torna as culturas ainda mais confiantes.

Capacitação cultural 5: Comunicação ampla

Outro fator cultural crítico para o sucesso da empresa e da família na gestão de paradoxos é a comunicação. A comunicação é essencial para o sucesso na maioria dos projetos, mas especialmente na gestão de paradoxos. A habilidade de identificar o paradoxo em questão e desenvolver uma abordagem para sua gestão contínua exige um diálogo eficaz entre todos os envolvidos.

Como vimos, os paradoxos reúnem duas verdades que parecem opostas entre si. Em geral, estas envolvem dois pontos de vista diferentes sobre um lado ou outro. É aqui que entra a comunicação. Para avançar além dos sentimentos pessoais sobre um lado ou outro do paradoxo, é essencial discutir as principais oportunidades e pontos fracos de cada lado, sempre de uma maneira respeitosa e com um senso crítico curioso (o Mapa da Polaridade^{TM} é uma ferramenta muito útil nesse contexto). A missão exige que os envolvidos sejam francos e honestos uns com os outros, e que se concentrem em resolver impasses, encontrando pontos em comum com relação às questões mais importantes e chegando a um resultado no qual todos ganham.

As empresas que sabem muito bem como estabelecer comunicações abertas e ativas desenvolveram fóruns para esse tipo de comunicação. Algumas reuniões são destinadas a relatórios e são mais informativas, outras são realizadas para trazer questões à tona, determinar se um tema específico merece mais atenção e, se a resposta for positiva, quem deve liderar o projeto. Essa abordagem pode ser formalizada como uma parte específica do processo de força-tarefa empregado na empresa.

A comunicação é uma área complicada para muitos grupos e indivíduos, então não é surpresa que muitas empresas, de capital aberto e fechado, têm dificuldade para torná-la parte da rotina diária. As empresas familiares são especialmente avessas a conflitos. Parte do problema tem suas raízes no foco de longo prazo, pois os envolvidos sabem que se reunirão e verão uns aos outros com muita frequência, dentro e fora da empresa. Assim, no campo dos paradoxos, especialmente alguns dos mais difíceis, que emergem por conflitos dentro de sistemas empresariais ou transições geracionais, é essencial estabelecer um processo (como retiros ou sessões de avaliação periódicas) para ter essas conversas difíceis em um contexto menos pessoal e sem confrontos.

Com o foco ativo no desenvolvimento desses cinco elementos culturais, incluindo estar disposto a aprender com os próprios erros, as famílias podem cultivar um ambiente bastante favorável ao sucesso na gestão de paradoxos.

Do implícito ao explícito

Apesar de muitas empresas familiares desenvolverem a habilidade de reconhecer e gerenciar paradoxos, essa capacidade é quase toda instintiva, não premeditada e consciente. Entretanto, com o passar das décadas, à medida que as empresas sobrevivem e prosperam, elas têm a oportunidade de evoluir e se transformar em Famílias Empreendedoras; no processo, essa habilidade implícita se torna mais explícita. Várias grandes empresas familiares, incluindo a Beretta e a Cargill, transformaram a gestão de paradoxos em uma pedra basilar de suas abordagens estratégicas.

Um objetivo fundamental deste livro é explicitar as habilidades naturais demonstradas pelas Famílias Empreendedoras de sucesso. À medida que as empresas familiares se conscientizam dos paradoxos em suas empresas e famílias, elas podem aplicar de uma maneira mais consciente as técnicas e ferramentas discutidas neste livro. Esta seção final apresenta várias maneiras de explicitar a gestão implícita de paradoxos.

Voltemos à Avaliação Família em Primeiro Lugar/Empresa em Primeiro Lugar, apresentada logo antes do Capítulo 1 (p. 36). Se já preencheu o questionário, você começou o processo de explicitar seu conhecimento implícito. A ferramenta pode revelar as preferências do leitor quanto a colocar a empresa ou a família em primeiro lugar. Ela ajuda o usuário a adotar uma abordagem mais consciente em relação a questões familiares específicas repletas de paradoxos. Em primeiro lugar, a consciência ajuda o leitor a compreender os próprios vieses e ponto de vista e, por sua vez, as preferências alheias. Armado desse entendimento mais aprofundado por parte dos indivíduos, a empresa familiar aumenta sua capacidade de identificar e gerenciar paradoxos.

As transições geracionais e os conflitos resultantes de interações entre família, gerência e proprietários também envolvem um entendimento mais explícito dos paradoxos. Entender a gênese desses paradoxos é muito útil, independente de você já ter enfrentado e superado esses desafios, esteja convivendo com eles no presente ou os aviste no horizonte. As famílias podem se colocar no modelo de oscilação geracional apresentado no Capítulo 3 e/ou antecipar as tensões que podem surgir nas intersecções entre família, gerência e proprietários, analisadas no Capítulo 4. Os paradoxos trabalhados nos Capítulos 3 e 4 e compilados na Figura 7.1 podem ser considerados "clássicos" das empresas familiares. Esses clássicos, em combinação com as estruturas e ferramentas apresentadas na Parte III, oferecem uma forte base de operações para as empresas familiares.

Finalmente, usar o contínuo de gestão de paradoxos e o Mapa da Polaridade^{TM} também pode ajudar os grupos a tornarem explícita a gestão implícita de paradoxos. Garantir que essas estruturas são bem conhecidas entre os principais membros da organização é um elemento crucial do trabalho de desenvolver a capacidade e a capacitação para gestão de paradoxos. Ensinar sobre o contínuo e o mapa é especialmente importante durante as transições geracionais e os pontos de tensão naturais que surgem pelo caminho.

Uma prévia da fusão

Quanto mais tempo e esforço a empresa familiar investe em explorar e compreender os muitos paradoxos que enfrenta, mais capaz ela será de reconhecer e gerenciar paradoxos no futuro. À medida que se torna um processo mais explícito e menos implícito, a gestão de paradoxos se torna algo tão natural quanto respirar. Quem tem mais experiência com a utilização de paradoxos se torna o modelo de melhores práticas para outros, o que ajuda grupos e indivíduos em toda a organização a avançarem com rapidez. Quem antes se sentia frustrado com problemas

Viva o Poder do Paradoxo **169**

PARADOXOS CLÁSSICOS DAS EMPRESAS FAMILIARES					CONFLITOS DO SISTEMA DAS EMPRESAS FAMILIARES		
TRANSIÇÕES GERACIONAIS						
FUNDADOR	SÓCIOS-IRMÃOS	PRIMOS COLABORADORES		FAMÍLIA-GESTÃO	GESTÃO-PROPRIEDADE	PROPRIEDADE-FAMÍLIA
RAÍZES & ASAS	TRABALHO & LAR	LEALDADE & LIBERDADE		INCLUSIVA & SELETIVA	REPRESENTAÇÃO & QUALIFICAÇÕES	IGUALDADE & MÉRITO
AÇÃO & PLANEJAMENTO	OPORTUNISTA & NUCLEAR	INVESTIR & COLHER		MERCADO & NECESSIDADES	COLHER & INVESTIR	TRABALHO & DIVERSÃO
PRESSA & PACIÊNCIA	TAREFA & PROCESSO	PRIVACIDADE & TRANSPARÊNCIA				
CONTROLE & CONFIANÇA	INDIVIDUAL & COLETIVO	FORMAL & INFORMAL				
POSSE & ORIENTAÇÃO	MÉRITO & IGUALDADE	FAMÍLIA UNIDA & RAMOS INDIVIDUAIS				

Figura 7.1 Paradoxos clássicos das empresas familiares.

contraditórios logo está abordando as questões com calma e começa até a gostar da gestão de paradoxos.

As empresas familiares que aprimorarem suas habilidades de gestão de paradoxos terão muito mais facilidade para alcançar os níveis de Integração, Síntese e Fusão com relação aos paradoxos. Com o tempo, os dois lados que parecem opostos do paradoxo se transformarão naturalmente em um só. Por exemplo, as declarações de Síntese a seguir podem evoluir a partir dos paradoxos listados na Tabela 7.2.

Assim, a grande Síntese é a Família Empreendedora; em última análise, esta representa uma expressão saudável de **ambas**, família e empresa. À medida que a empresa se fortalece, a família naturalmente se fortalece também. À medida que os laços familiares aumentam, a empresa também se torna mais capaz. A relação entre as duas não é de competição por recursos escassos, mas sim de Fusão. Os interesses de uma se tornam indistinguíveis dos interesses da outra; o que fortalece a família pode apenas fortalecer a empresa e o sucesso contínuo da empresa significa mais harmonia dentro da família. Esse é o potencial da batalha contínua pela gestão de paradoxos, parte da jornada da família em busca da melhoria contínua.

Tabela 7.2 Declarações de paradoxos e sínteses

Paradoxo	Exemplos de declarações de sínteses
Tradição e mudança	A verdadeira preservação de nossas tradições exige mudanças constantes; as mudanças produtivas devem estar alicerçadas na tradição.
Individual e coletivo	As ações que fortalecem o indivíduo automaticamente fortalecem a coletividade e as ações que fortalecem a coletividade automaticamente fortalecem o indivíduo.
Franqueza e diplomacia	Para oferecer informações ou *feedback* com eficácia, precisamos conseguir ser honestamente diplomáticos e diplomaticamente honestos.

Apêndices

Apêndice A
Perspectiva Histórica sobre Paradoxos[1]

Os paradoxos sempre existiriam. Eles são uma parte muito intrigante da vida: filósofos, escritores e pensadores de todas as estirpes sempre buscaram investigar os mistérios paradoxais ao nosso redor para entenderem o mundo. Apesar de quase sempre confusos e frustrantes, muitos paradoxos têm um nível de complexidade que contém alguma espécie de verdade. Assim, muitos pensadores foram além de uma análise de paradoxos específicos e do fenômeno geral que representaram e também construíram sistemas complexos de pensamento que incorporavam os paradoxos. Algumas dessas visões de mundo são elementos fundamentais do pensamento, da sociedade e da cultura do Ocidente.

A obra de vários pensadores diferentes, como Hegel, Kant, Shakespeare, Bohr e Einstein, entre outros, sugere que o paradoxo não é algo a ser temido, mas sim acolhido, compreendido e, em última análise, utilizado como ferramenta para promover o progresso. Este apêndice é uma análise de como os paradoxos foram tratados em diversos domínios diferentes durante vários séculos de filosofia.

A dialética de Hegel: a macro-história enquanto paradoxo[2]

Georg Wilhelm Friedrich Hegel é considerado um dos filósofos mais importantes do Ocidente moderno. A dialética hegeliana foi uma influência forte para muitos pensadores, sendo Karl Marx o mais famoso deles, que baseou sua visão de mundo comunista na obra de Hegel. A descrição hegeliana da História como um processo dialético também é um exemplo ideal da trajetória dos paradoxos pela história.

O que é dialética? Em termos gerais, a dialética se refere ao processo que busca descobrir uma verdade por meio da exploração de forças opostas ou paradoxais. Por exemplo, os gregos utilizavam uma abordagem dialética no diálogo socrático. Sócrates acreditava que a maneira mais eficaz de descobrir a verdade envolvia um sistema de perguntas profundas, ou seja, um diálogo, entre indivíduos, um processo que desafia a validade de cada passo lógico em questão.

Na verdade, a visão de Hegel sobre a História era parecida com a de Sócrates sobre o diálogo. Para Hegel, a História é um processo sistemático de dialética. Como a dialética evoluiu? Primeiro, uma ideia, um fenômeno, um movimento ou uma circunstância se desenvolve durante o curso da História. A ideia se transforma em uma *tese*. Entretanto, com o tempo, o surgimento de ideia, fenômeno, movimento ou circunstância oposto é inevitável. Esta é a *antítese*. A tese e a antítese podem ou não passar um longo período em oposição. Seja como for, com o avanço da história, essas diferenças são resolvidas e formam uma *síntese*. A síntese pode resultar de uma guerra, desastre natural, mudança social ou política, ou pura e simplesmente da passagem do tempo. Seja qual for a sua origem, a síntese se torna uma ideia, um fenômeno, um movimento ou uma circunstância independente, ou seja, a síntese se torna uma nova tese, destinada se colocar em oposição a uma nova antítese, e assim sucessivamente.

Vejamos o exemplo da Revolução Francesa. A França foi governada por vários séculos por uma monarquia autocrática e opressora. Em termos dialéticos, essa é a tese. A antítese, então, seria o iluminismo intelectual defendido por Voltaire e outras figuras do começo do século XVIII. O Iluminismo introduziu conceitos que eram radicais para a época, como sufrágio e direitos políticos para *todos* os cidadãos (ou, pelo menos, todos os cidadãos homens e brancos).

Apesar de haver centenas de teorias sobre a causa exata da Revolução Francesa, se partimos de uma macrovisão da Revolução Francesa enquanto movimento histórico, é fácil ver o evento como o momento exato do conflito entre as duas teses. Entretanto, a síntese resultante não poderia ser vista como uma vitória para a democracia. Porque a síntese é, na verdade, uma combinação mais ampla de **ambas**, tese *e* antítese, ela não pode ser representada pela vitória de um lado ou do outro. E o governo brutal de Napoleão não foi exatamente o que os monarquistas ou os líderes do Iluminismo tinham em mente.

É importante lembrar, então, que a noção hegeliana de uma síntese histórica combina as duas teses. A síntese de preto e branco não é o cinza, mas sim um novo sistema de óptica que permite uma percepção dupla e concorrente de **ambos**, preto *e* branco.

Os paradoxos fundamentais de Kant[3]

A filosofia da história está longe de ser o único ramo da filosofia no qual o paradoxo é central. Immanuel Kant é conhecido por suas teorias paradoxais sobre diversos temas, da arte à moralidade, das relações internacionais à epistemologia.

Suas teorias fundamentais sobre como avaliar a arte, por exemplo, contêm três paradoxos principais. Primeiro, Kant diz que, para se avaliar a arte, é preciso ser desinteressado. Ou seja, Kant diz que a única maneira de apreciar a arte por completo é focar nossa atenção não no objeto ou conceito da peça, mas sim no efeito que esta causa no público. Assim, por exemplo, um pacifista pode considerar com mais objetividade a força de uma obra de arte que representa uma arma.

Os paradoxos da estética kantiana são ainda mais profundos. Kant acreditava que a arte não deve ter propósito, mas sim defender uma visão que estime a beleza com base na "propositividade" da obra. A propositividade pode ser pensada como a intencionalidade técnica e intelectual de uma obra de arte. A propositividade de uma pintura, por exemplo, é o arranjo das pinceladas sobre a tela, assim como o uso de luz, perspectiva, composição e outros elementos.

O argumento kantiano correlato em prol da universalidade subjetiva é um paradoxo em si mesmo. Para Kant, o propósito implica em emoções e desejos, e interfere com decisões de gosto, pois as emoções do indivíduo obviamente não são universais. Kant quer que a beleza estética tenha reconhecimento universal por meio do gosto (desinteressado), mas à medida que ela se baseia na satisfação dos sujeitos e apesar da satisfação de cada sujeito ser diferente, tal beleza deve estar visível para todo e qualquer indivíduo (Kant chama essa seção da *Crítica* de "A avaliação pura do gosto é indiferente ao charme e à emoção"). Aqui, Kant retoma a propositividade como um dos principais elementos que capacita o indivíduo a avaliar a beleza. Todos são capazes de reconhecer a propositividade brilhante, como na técnica universalmente elogiada de pintura com diversas camadas de tinta, utilizada por Rembrandt.

A famosa teoria moral de Kant, o imperativo categórico, também é permeada por paradoxos. Segundo Kant, para decidir se uma ação é moral, devemos propôr uma máxima para nós mesmos que possa ser aplicada a todos. Assim como o imperativo categórico, a fórmula transcendental do direito público começa com a formulação de uma máxima;

assim como o imperativo categórico, ela a seguir passa para um teste que determina se pode ser aplicada universalmente ("categoricamente") ou não. No caso da fórmula transcendental do direito público, o teste envolve perguntar se a máxima pode ser publicada sem, como diz Kant, "ao mesmo tempo derrotar minha própria intenção". Em outras palavras, se apresentá-la ao público a tornará impopular, então a máxima é, por definição, impraticável. Assim, para colocar em prática esse princípio um tanto idealista, precisamos conceber inúmeras máximas para descobrir aquelas que o público, muitas vezes volúvel e caprichoso, considerará apropriadas.

Kant tem muito a dizer sobre a natureza pública ou privada da moralidade. Para sermos morais, por exemplo, não devemos mentir. Mas e se alguém é um funcionário público com informações privadas sobre a segurança nacional? Se um jornalista pedir que esse indivíduo confirme a informação, ele deve mentir? Kant acreditava que seu imperativo categórico e a fórmula transcendental do direito público são universais e, logo, se aplicam em todas as situações sociais, incluindo a política. Segundo Kant, "se for absolutamente necessário relacionar a política com o conceito de certo e errado (...) a compatibilidade entre os dois deve ser aceita". Assim, Kant imaginava um "político moral", ou seja, alguém que direciona a política com base nas diretrizes da moralidade. Mas como o universalismo moral kantiano espera que a moralidade se aplique à política, Kant não conseguia imaginar um "moralista político", que inventa morais "que servem o estadista".[4]

Realismo e idealismo em relações internacionais

O campo das relações internacionais está cheio de paradoxos que vão além da moral kantiana. Um dos maiores, se não o maior, é a necessidade dupla do realismo e do idealismo.

O realismo é um sistema de políticas baseado na autoproteção. Ele parte do pressupostos que os outros participantes não merecem confiança e que os países não devem se colocar em situações que tenham o *potencial* de deixá-los vulneráveis. Em outras palavras, o realismo defende que a segurança nacional é a prioridade máxima de cada país. Nenhuma outra política deve ser implementada às custas da segurança. Um dos primeiros exemplo de realismo vem do século VI: *A Arte da Guerra*, de Sun Tzu. Esse livro conciso serviu de base para boa parte da estratégia militar oriental e ainda é muito citado por seus aforismos, que se aplicam a todas as esferas. Em tempos modernos, pensadores como Nicolau Maquiavel (que disse que a melhor maneira de governar era pelo medo) e George F. Kennan (que defendeu a contenção da União Soviética durante todo o século XX) ajudaram a moldar abordagens intelectuais às relações internacionais do ponto de vista de ameaças reais e pragmáticas às nações. Não é à toa que o realismo costuma ser chamado de "política do poder".

Do outro lado temos o idealismo nas relações internacionais, uma escola que prioriza a política interna de modo a desenvolver uma base nacional firme da qual emerge a influência internacional. O presidente Woodrow Wilson é um dos mais famosos defensores do idealismo internacional. Apesar de Wilson não ter conseguido superar o isolacionismo depois da Primeira Guerra Mundial, seus discursos e trabalho com a Liga das Nações e o Congresso Americano tiveram um impacto duradouro.

Hoje, os neoconservadores representam uma espécie de síntese hegeliana na relação paradoxal entre idealismo e realismo. Apesar de acreditarem na promoção de condições "ideais", eles também creem em estabelecer essas condições internacionalmente, muitas vezes usando abordagens bastante "realistas", ligadas à segurança e ao poder.

O fato é que todos os Estados operam com **ambos** os tipos de metas e métodos, realistas *e* idealistas. Em geral, os Estados que se destacam em relação ao resto são aqueles que prosperam entre os dois conceitos opostos. Assim, como reconciliar o paradoxo? Ele precisa ser administrado sem uma dependência excessiva do realismo ou do idealismo por si sós. A ascensão dos Estados Unidos ao posto de nação mais influente do mundo se deve em parte ao modo como o país trabalhou esse paradoxo.

Os Estados Unidos no século XX enquanto paradoxo definitivo[5]

Alguns autores veem os Estados Unidos como o maior paradoxo de todos. Durante toda a história do país, os paradoxos ajudaram a defini-lo entre patriotas ardentes e dissidentes exaltados. Os EUA se colocam como o país mais livre do mundo, mas sua história é manchada por crueldade sistêmica e em larga escala.

No livro *A Time of Paradox*, Glen Jeansonne argumenta que os Estados Unidos do século XX são a personificação do paradoxo. Foi uma época em que a tecnologia elevou nossa qualidade de vida, mas também colocou a humanidade frente a frente com maneiras novas e aterradoras de ser massacrada. Os EUA lançaram duas bombas atômicas e desenvolveram bombas de hidrogênio com a capacidade de incendiar toda a atmosfera global, mas também realizaram avanços médicos drásticos e colocaram o homem na Lua pela primeira vez.

A própria base política dos Estados Unidos é paradoxal. Em seu estado ideal, a república democrática arquitetada pelos Pais Fundadores é uma síntese entre a monarquia opressiva que derrubaram e a democracia absoluta, que temiam por causa da possibilidade de caos descentralizado e de tirania das massas. Em vez disso, eles formaram os três poderes, todos com certas limitações. Em outras palavras, eles criaram um poder central descentralizado. Em geral, com o legislativo dividido entre elite (Senado) e povo (Câmara dos Deputados), com representantes que votam em cada questão, independentemente dos desejos dos constituintes, a república democrática bifurcada é um paradoxo de grande profundidade.

Paradoxos científicos: da física quântica à epistemologia

Se o século XX foi tão diferente dos anteriores devido ao desenvolvimento exponencial e o impacto da tecnologia, então faz sentido que esse campo também tenha seus paradoxos.

As grandes descobertas de Albert Einstein na área da física quântica (literalmente) abalaram o mundo, mas elas não eram uma unanimidade. Logo emergiu uma escola de cientistas mais jovens, liderada por Niels Bohr, que desafiou seus predecessores. O resultado foi um exemplo clássico de batalha entre gerações.[6] O paradoxo entre as duas escolas de pensamento vai além da disputa entre os cientistas sobre as abordagens e análises matemáticas, físicas e teóricas das evidências. Não, o paradoxo se baseia nas divergências sobre como abordar as evidências. De acordo com *Atoms, Metaphors and Paradoxes*, de Sandro Petruccioli, Einstein defendia uma abordagem programática, que envolvia descrições completas por meio da probabilidade matemática de cada situação, independente de qualquer observação real. Já Bohr defendia o contrário, a abordagem de Copenhague, que envolvia tirar conclusões a partir do que pode ser observado, ainda que apenas em teoria.

O debate sobre o valor da observação é um fenômeno do século XX e não está relacionado apenas à tecnologia. No campo científico mais da epistemologia mais antiga, a tecnologia apenas começou a contribuir para a tradição filosófica. Naturalmente, o estilo de raciocínio paradoxal de Kant também se aplica a essa área. Como sabemos o que sabemos? Juntamente com a religião e a moralidade, a epistemologia provavelmente é o campo mais debatido da filosofia; entretanto, a neurociência e a tecnologia começaram a substituir os filósofos na análise de como o cérebro humano processa o conhecimento.

Mas antes da tecnologia entrar na conversa, os pensadores que tentaram responder essa pergunta complicada se dividiam em dois lados no velho argumento entre o conceito de *tabula rasa* ("folha em branco"), de John Locke, e a ideia de *ergo cogito sum* ("penso, logo existo") de René Descartes. Locke acreditava que os seres humanos nasciam como "folhas em branco", nas quais as experiências (por meio dos sentidos) demarcavam o conhecimento que se acumulava durante toda a vida. Descartes, por outro lado, não confiava nos sentidos humanos. Ele argumentava que a única maneira de saber qualquer coisa seria por meio de perguntas; em outras palavras, usando a capacidade de pensar. Daí vem a noção de "penso, logo existo". A consequência foi um entendimento dualista do corpo e da mente, vistos como duas entidades separadas.

Como era de se esperar, Kant fica em algum ponto intermediário. A teoria kantiana é que, apesar das experiências influenciarem o conhecimento, os seres humanos nascem com certas categorias mentais nas quais o conhecimento é formado. Em linhas gerais, as abordagens tecnológicas modernas ao problema da mente concordam com essa ideia: é o clássico debate entre natureza e cultura, outro paradoxo.

O paradoxo de Shakespeare

O paradoxo tem uma posição tradicional na literatura, especialmente entre os clássicos, que com frequência se concentram nos aspectos universais e atemporais da vida. Shakespeare, por exemplo. Suas peças revelam verdades universais que continuam válidas depois de quatro séculos. Por exemplo, um livro que interpreta *O Mercador de Veneza* ilumina o paradoxo justiça *e* misericórdia:

> Nossa investigação da natureza dos títulos levou a um paradoxo fundamental, a necessidade de coexistência da misericórdia e da justiça. A missão deste capítulo não é escolher uma às custas da outra nem demonstrar que não há contradição entre as duas. Ambas seriam absolutamente contrárias ao espírito de Shakespeare. O que Shakespeare faz em *O Mercador de Veneza* é aceitar a necessidade e a contradição

mútua entre misericórdia e justiça e gerar um mundo dramático da luta eterna entre as duas. À medida que ele desenvolve um vocabulário poético de metáforas e trocadilhos e reviravoltas e alusões históricas e mitológicas para representar o confronto, o paradoxo jurídico da misericórdia e da justiça invade campos de relevância cada vez mais amplos: moralidade, economia, física, fisiologia humana e evolução, história religiosa, teologia, linguística, estética, cosmologia. Mais do que resolver o paradoxo de misericórdia e justiça, o importante é traçar a própria demonstração shakespeariana de como o paradoxo constrói o mundo. A solução dos seus quebra-cabeças não é algo simples, que elimina o problema para sempre, mas sim uma continuação da própria luta.[7]

Naquela passagem, várias palavras e expressões (listadas abaixo) representam a sensação e significado dos paradoxos. Essas "verdades", por assim dizer, podem ser vistas como elementos de uma estrutura que deve ser mantida em mente quando identificamos e gerenciamos os paradoxos. Muitas são ecoadas nos trechos de livros de administração reproduzidos no Apêndice B.

- Coexistência.
- Não escolher um às custas do outro.
- Aceitar a necessidade e a contradição mútua.
- Conflito.
- O importante não é tanto a resolução.
- A solução para os quebra-cabeças não é algo simples e perfeito que resolveria o problema de uma vez por todas.
- Continuação do paradigma de confronto.

Além disso, quase todos os envolvidos com uma empresa familiar conseguem simpatizar com o paradoxo justiça e misericórdia. Todos os membros da família têm interesses, oportunidades e capacitações que podem ou não ser usados de uma maneira que beneficie a família ou a empresa. O que acontece no sistema da empresa familiar quando algo dá errado para um dos membros, seja por responsabilidade própria, seja por uma circunstância além do seu controle? O sistema busca a justiça ou mostra misericórdia? Para nós, a resposta deve ser **ambos**, pois sem um o outro apenas alimenta o próximo problema ou conflito dentro do sistema da empresa familiar.

Paradoxos na filosofia oriental tradicional

Hoje, Sua Santidade o Dalai Lama é o representante mais sincero e de maior visibilidade do Budismo. Seus escritos, pensamentos e palestras sobre a aplicação do Budismo à contemporaneidade são o melhor lugar para começar um estudo sobre os paradoxos do Budismo.[8] Um bom ponto de partida é a visão de mundo do Dalai Lama: "Um fato básico é que todos os seres sencientes, especialmente os seres humanos, querem a felicidade e não querem sofrer".

A ideia parece simples, mas está repleta de complexidade. Por exemplo, e se a felicidade no curto prazo leva à dor no longo prazo? Curto *versus* longo prazo é um paradoxo universal e que se aplica a muitas esferas, incluindo as empresas familiares. O Dalai Lama diz que, nos casos em que há uma contradição entre os interesses e as consequências de curto e longo prazos, deveríamos ter o interesse de longo prazo como prioridade máxima. Isso significa que, mesmo quando a opção de curto prazo envolve dor e sofrimentos (nas palavras dele), se a opção de longo prazo trará felicidade, vale a pena perseverar. É provável que muitas empresas familiares adotem essa abordagem.

O Budismo oferece muitas outras complicações. Por exemplo, os caminhos de curto/longo prazo se dividem em muitos tipos diferentes. Também temos caminhos internos e externos, conceituais e experienciais, abstratos e concretos. Se você acha que a busca por felicidade suprema nos níveis interno e externo parece um paradoxo grande demais, especialmente quando estamos tentando equilibrar interesses de curto e longo prazo ao mesmo tempo, o Dalai Lama concorda. Ele volta ao dharma budista e lista o que Buda chamou de "qualidades humanas fundamentais". De acordo com o Dalai Lama, tais qualidades são "espirituais". Ele tem o cuidado de destacar que elas não são religiosas, mas sim qualidades universais inatas a todos os seres humanos. São elas:

- afeição humana
- sensação de envolvimento
- honestidade
- disciplina
- inteligência humana orientada corretamente pela motivação.

Essas qualidades humanas fundamentais tornam os seres humanos bons; logo, todos os seres humanos nascem bons. Mas, por mais simples que pareça, esse é um princípio incrivelmente sofisticado (e paradoxal) do pensamento budista. Apesar de todos nascermos com essas qualidades, a experiência humana não é universal: os caminhos, formas de sofrimento e modos de vivenciar a felicidade são divergentes. Segundo o Dalai Lama, "os budistas costumam saber que nada é absoluto e tudo é relativo". Assim, outro paradoxo budista é aquele entre o universal *e* o relativo.

Outro paradoxo enfocado pelo Dalai Lama envolve o cérebro humano: todos temos cérebros, mas nenhum é igual ao outro. De acordo com o Dalai Lama, "O maravilhoso cérebro humano é a fonte da nossa força e a fonte do nosso futuro (...) se utilizarmos a brilhante mente humana da maneira errada, será um grande desastre". Ele enfoca a universalidade do *potencial* do cérebro. O imenso potencial dos seres humanos sustenta a crença do Dalai Lama de que somos a espécie mais poderosa da terra. É por isso que ele o chama de "potencial humano".

Utilizar o cérebro para maximizar o potencial humano é o melhor caminho para a felicidade. Entretanto, para ter sucesso com esse esforço, é preciso gerenciar outro paradoxo budista: aquele entre a autoconfiança *e* o egoísmo. O Dalai Lama diz que é impossível alcançar nosso potencial humano sem a confiança humana, mas avisa que o excesso de autoconfiança promove sentimentos narcisistas e interesseiros. Ainda assim, ele tem uma crença otimista e absoluta na capacidade de todos os seres humanos de encontrarem um caminho especial para a felicidade. Parte do apoio para essa crença é a força da natureza, que ajuda a navegar diversos paradoxos. Segundo o Dalai Lama:

> Acredito que o cérebro humano e a compaixão humana básica estão, por natureza, em uma espécie de equilíbrio. Às vezes, quando crescemos, negligenciamos o sentimento humano e nos concentramos apenas no cérebro, o que destrói o equilíbrio. É quando aparecem os desastres e os fatos desagradáveis. Quando analisamos as várias espécies de mamíferos do planeta, vemos que a natureza é importantíssima e é um fator crucial que cria uma espécie de caminho equilibrado.

Os paradoxos atenuados pelo equilíbrio também são proeminentes no Taoismo, outra religião oriental antiga. O *Tao Te Ching* (em tradução aproximada, "Clássico do Caminho e da Virtude") é uma série de reflexões escritas por Lao Tsé há cerca de 2.500 anos. Mas Lao Tsé não queria que o texto representasse diretivas morais definitivas, semelhantes aos Dez Mandamentos. O *Tao* existe para ser apropriado, traduzido e entendido de modos independentes pelas gerações e, na verdade, pelos indivíduos.

É verdade que a maioria dos textos religiosos compartilha o paradoxo de um texto sólido e imutável que precisa ser flexível o suficiente para acomodar uma infinidade de interpretações individuais, mudando para cada leitor, mas essa noção é ainda mais poderosa para o *Tao*. Na verdade, o *Tao* é ensinado como sendo absolutamente experiencial e nada conceitual. Em outras palavras, os taoistas acreditam que a única maneira de viver de acordo com as diretrizes de Lao Tsé é vivenciar o *Tao* ao máximo, não apenas considerá-lo e refletir sobre ele. Assim, enquanto "Tao" significa Deus, criação, natureza, Caminho de Toda a Vida e essência universal e sua manifestação, "Te" significa ação, virtude, moralidade, beleza e comportamento gracioso. Assim, ação e experiência são elementos centrais do texto de Lao Tsé.

As interpretações modernas do *Tao*, tais como a de Mantak Chia e Tao Huang[9], sempre lembram que a linguagem do *Tao* é propositadamente vaga: o leitor precisa compreender o contexto experiencial e dar um caráter pessoal às meditações. Chia e Huang dizem que o *Tao* é "sútil e impossível de compreender com a mente conceitual" e que também é "inacessível a pensamentos, línguas ou percepções normais". Eles também utilizam adjetivos como "invisível", "imensurável", "inalcançável", "insondável" e "além da compreensão". Segundo eles, "definir o Tao é ouvir o silêncio".

Outro elemento dessa interpretação é a importância da comunicação. A comunicação é importante porque, além de ser experiencial, também nos aproxima do nosso verdadeiro Tao. Mas a comunicação externa é diferente da voz interna e está até em oposição a ela. Nossa voz interna nos ajuda a compreender o verdadeiro caminho do *Tao*, mesmo que essa voz esteja sempre mudando.

Os paradoxos internos do Taoismo estão longe de ser o resultado de textos mal escritos ou interpretações preguiçosas. Sem eles, o *Tao* não seria o que é: uma abordagem antiga e profunda à vida e que muda junto com a própria vida. Assim, o que um indivíduo considera vago no *Tao*, outro chamaria de flexibilidade. O *Tao* persiste há gerações devido à sua aplicabilidade universal, assim como qualquer empresa tradicional próspera irá mudar e evoluir e se transformar com os tempos, talvez enquanto a "voz interior" ainda for ouvida, mesmo quando estiver em silêncio.

Conclusão

Está claro que os paradoxos foram, são e continuarão a ser encontrados em quase todos os sistemas de pensamentos, em parte porque representam uma lente pela qual conceitualizamos e compreendemos uma dinâmica ou problema. O que Hegel, Kant, Einstein, o Dalai Lama, Lao Tsé e outros entendem é que os paradoxos, ou uma visão que adote a busca de paradoxos, não precisam ser temidos. Muito pelo contrário, os paradoxos devem ser investigados e analisados, pois suas complicações contêm um núcleo de perspectivas inéditas, cuja compreensão pode levar a grandes avanços.

Assim, nas empresas familiares, avança quem busca e conquista os paradoxos.

Apêndice B
Os Paradoxos na Literatura de Negócios

Como destaca o Apêndice A, o debate e estudo sobre paradoxos está conosco há séculos. Assim, o objetivo deste livro é trazer para a superfície, em termos bastante concretos, o que são os paradoxos e como gerenciá-los com sucesso. Nesse contexto, o Apêndice contextualiza o tratamento dos paradoxos nas últimas pesquisas e obras de administração, especialmente aquelas que iluminaram o paradoxo enquanto elemento essencial do sucesso contínuo no mundo dos negócios.

Mantenha uma definição ampla de paradoxo em mente enquanto lê o material a seguir, especialmente as passagens de livros de administração, pois os termos e expressões usados para descrever fenômenos relativos a paradoxos podem variar de acordo com o autor, mas os conceitos e mensagens centrais são praticamente idênticos. A quantidade e variedade de materiais relativos a paradoxos apresentados neste Apêndice ajuda o leitor a apreciar o impacto dos paradoxos nas empresas familiares quando são ignorados e abandonados.

O paradoxo no pensamento de administração contemporâneo

Apesar do campo da administração não trabalhar os paradoxos tanto quanto trabalhou a ideia geral da solução de problemas, a gestão de paradoxos emergiu como um componente essencial para as empresas de sucesso. Nas últimas décadas, além de identificarem paradoxos, os livros de administração sugeriram que sua gestão é crítica para o sucesso geral da empresa. A lista a seguir não pretende estar completa, mas inclui diversos livros de administração mais recentes e/ou de maior visibilidade que destacam os paradoxos. Este apêndice considera vários destes (em cinza na lista abaixo) em mais detalhes na análise a seguir.

Vencendo a Crise, Thomas J. Peters e Robert H. Waterman, Jr. (1982)
Os 7 Hábitos das Pessoas Altamente Eficazes, Stephen R. Covey (1989)
Polarity Management, Barry Johnson (1992)
O Paradoxo do Sucesso, John R. O'Neil (1993)
Feitas Para Durar, Jim Collins e Jerry I. Porras (1994)
Paradoxical Thinking, Jerry Fletcher e Kelle Olwyler (1997)
Good to Great, Jim Collins (2001)
O Paradoxo da Excelência, David Mosby e Michael Weissman (2005)
The Three Tensions, Dominic Dodd e Ken Favaro (2007)
Profit or Growth, Bala Chakravarthy e Peter Lorange (2007)
Os Segredos das Empresas Mais Queridas, Raj Sisodia, Jag Sheth e David B. Wolfe (2007)
Como as Gigantes Caem, Jim Collins (2009)
O Paradoxo do Tempo, Philip Zimbardo (2009)

Os Segredos das Empresas Mais Queridas

A premissa de *Os Segredos das Empresas Mais Queridas* é que muitas empresas prosperaram porque preservaram sua paixão e propósito: "Este livro trata de conquistar 'participação de coração', não apenas 'participação nos gastos'", afirma a orelha da edição original. As empresas analisadas, chamadas de Empresas Queridas, somam 28 no total, das quais 13 têm capital fechado; destas, oito são empresas familiares. Das empresas de capital aberto, muitas são empresas com forte base familiar, nas quais as famílias fundadoras ainda têm um forte envolvimento e/ou ainda são proprietárias de parte da organização (por exemplo, Toyota, Johnson & Johnson e Timberland). O livro destaca que, em comparação com os retornos do índice S&P, essas empresas (de capital aberto) produziram um retorno de 1.026% para os investidores durante o período de dez anos até junho de 2006.

Como essas Empresas Queridas conseguem esses retornos inacreditáveis? Segundo os autores, com as seguintes atividades e perspectivas:

- desafiar livremente os dogmas do setor
- criar valor com o alinhamento dos interesses das partes interessadas
- estar disposto a quebrar trocas e equilíbrios tradicionais
- operar com uma perspectiva de longo prazo
- favorecer o crescimento orgânico em relação àquele movido por fusões e aquisições
- fundir trabalho e diversão
- rejeitar modelos de *marketing* tradicionais.[1]

Essas características têm muito em comum com a ideia de aceitar os paradoxos e gerenciá-los de modo a beneficiar a empresa. A passagem abaixo, retirada da seção sobre a disposição das empresas de romper com trocas e equilíbrios tradicionais de *Os Segredos das Empresas Mais Queridas*, apoia a noção deste livro sobre o pensamento **Ambos**/*E*; além disso, ele mostra como os gerentes podem conciliar itens que parecem contraditórios entre si, como salários altos *e* lucros altos:

> O pensamento em termos de *trade-offs* é um elemento tradicional no mundo dos negócios. Ele é derivado da disposição da mente ocidental e sua fundamentação científica de valorizar construtos "se/logo" e "ou/ou" mais do que construtos "ambos/e" (...) O estilo de pensamento alternativo (ambos/e) abre a mente para conciliar condições aparentemente contraditórias (por exemplo, salários altos/margens de lucro altas) e evita as limitações dos cálculos de *trade-offs* (por exemplo, uma maneira de trabalhar é melhor do que todas as outras).

O livro apresenta vários exemplos de Empresas Queridas que rejeitam as trocas entre pensar e acolher a ideia de **Ambos**/*E*:

- *Jet Blue*: Preços baixos *e* Experiência de viagem de alta qualidade
- *Costco*: *Markups* estranhamente baixos *e* Produtos de alta qualidade
- *Amazon*: Serviço excepcional *e* Preços baixos (muitas vezes com frete grátis)
- *Trader Joe's*: Alimentos exóticos *e* Baratos.

Um dos principais paradoxos que as Empresas Queridas parecem ter resolvido é como oferecer salários excelentes aos funcionários *e* valor para os clientes. Não é nenhum segredo: as Empresas Queridas descobriram que o custo adicional de pagar bem os funcionários é compensado pela maior produtividade dos funcionários mais felizes, que por sua vez prestam serviços excelentes para os clientes. Assim, a empresa cuida dos funcionários com bons salários, os funcionários cuidam dos clientes com serviços melhores e os clientes cuidam dos funcionários (e da empresa) com sua fidelidade. O livro explica o fenômeno em detalhes:

> Um dos *trade-offs* com o qual as Empresas Queridas rompem consistentemente é aquele entre o salário dos funcionários e o valor para os clientes (...) Elas oferecem altos salários para os funcionários e preços competitivos para os clientes – e ainda lucram bastante (...) A maior produtividade de funcionários de maior qualidade e a menor rotatividade dos funcionários explica parte do fenômeno (...) a relação entre os funcionários satisfeitos e a fidelidade do cliente é inquestionável (...) Em geral, as Empresas Queridas conquistam uma participação nos gastos maior porque enfocam muito mais a participação de coração do que é costumeiro nos seus setores.

Outra questão que merece ser discutida é que as Empresas Queridas preferem o crescimento orgânico, ou uma perspectiva de longo prazo, semelhante às empresas familiares. Por exemplo, o livro analisa como a rede de mercados Wegmans, com filiais espalhadas por toda a Costa Leste dos EUA, abre apenas duas ou três novas lojas por ano, apesar de receber milhares de pedidos todos os anos.

> A prioridade da Wegmans é garantir que todas as novas lojas serão um evento da comunidade, que os funcionários receberam todo o treinamento necessário e que a organização terá a capacidade de transferir suas "estrelas" a cada nova unidade para garantir o sucesso da inauguração.

Os Segredos das Empresas Mais Queridas conclui com um paradoxo, apesar de não chamá-lo exatamente por esse nome:

> Elas [as Empresas Queridas] sabem que a maneira mais eficaz de competir no mundo dos negócios contemporâneo é ter operações abertas e agregar o valor de todas as partes interessadas à base de ativos central. Isso, por sua vez, gera o valor expandido que a empresa pode alavancar para o benefício de todos.

A citação acima trata de trabalhar lado a lado com todas as partes interessadas (sociedade, funcionários, investidores, clientes e parceiros) para criar "valor" que beneficie a todos, não apenas a empresa. Por sua vez, as Empresas Queridas se beneficiam do apoio que dão a todas as partes interessadas por continuarem a cultivar o valor da empresa em si. Gerenciar o paradoxo do valor da empresa *e* valor das outras partes interessadas é uma das pedras basilares do sucesso das Empresas Queridas.

Profit or Growth

Em *Profit or Growth*, Bala Chakravarthy e Peter Lorange enfocam um paradoxo que muitas vezes destrói as empresas de capital aberto: obter lucros sem impedir o crescimento. Esse paradoxo é menos importante entre as empresas familiares, pois elas quase sempre podem ter uma visão de mais longo prazo.

O primeiro capítulo de *Profit or Growth*, chamado *The performance dilemmas* ("Os dilemas do desempenho"), destaca a tensão entre rentabilidade *e* crescimento (um paradoxo) e a seguir discute o que está por trás do crescimento rentável (realizar **Ambos**/*E* com eficácia). O livro cita como Gerard Kleisterlee, CEO da Royal Philips Electronics, enfrentou esse e outros paradoxos (que chama de "dilemas"):

Para Kleisterlee, buscar rentabilidade e crescimento significava investir nos *core businesses* da Philips e desenvolver novos negócios para o futuro, aumentando a eficiência e cultivando a inovação, além de insistir em entregas estritas por parte de todos os silos organizacionais, chegando até a encorajá-los a compartilhar com liberdade uns com os outros. Por trás do dilema de desempenho havia uma série de outros dilemas que precisavam ser gerenciados.

Ao contrário do que acontece na tomada de decisões, é impossível descartar alternativas na gestão de dilemas. Em vez disso, a duas alternativas precisam ser equilibradas continuamente. Os gerentes precisam se tornar mestres desse malabarismo se pretendem sustentar o crescimento rentável. Como coloca Kleisterlee, a gestão de dilemas é a essência do trabalho gerencial.[2]

No geral, *Profit or Growth* contém muitos paralelos com o modo como os paradoxos são tratados neste livro. Por exemplo, o "dilema" de Kleisterlee é sinônimo com o "paradoxo" deste livro. Segundo, observe que o paradoxo de foco do CEO (rentabilidade e crescimento) "esconde" vários outros (destacados pelo texto sublinhado na passagem). Finalmente, ele enfatiza a necessidade de gerenciar ambos os lados do dilema ou paradoxo para realizar o grande objetivo da organização, o crescimento rentável. Assim, os dilemas de Kleisterlee têm as mesmas características que os paradoxos deste livro: dois valores opostos que à primeira vista parecem estar em conflito, mas que, na verdade, estão apoiando um ao outro e que devem ser gerenciados em conjunto.

Nesse exemplo, conquistar a rentabilidade e o crescimento (em outras palavras, gerenciar o paradoxo central de rentabilidade e crescimento) exige a gestão de três paradoxos correlatos (sublinhados acima): "*core business e* novos negócios", "eficiência *e* inovação" e "entregas estritas por parte dos silos *e* compartilhamento com outros". É uma ideia central neste livro: paradoxos por trás de paradoxos; para se ter sucesso, é preciso gerenciar todos.

O último parágrafo lembra um pouco o primeiro capítulo deste livro, pois diferencia a decisão a ser tomada e o paradoxo a ser gerenciado. Kleisterlee usa o termo "equilíbrio", que envolve não escolher um lado ou outro da questão, mas sim dominar a gestão de **ambos** para o benefício, em última análise, no caso da Philips, da gestão do paradoxo central, lucro *e* crescimento.

O Capítulo 7 de *Profit or Growth*, *Directing renewal* ("Dirigindo a renovação") inclui duas seções que dialogam diretamente com o paradoxo: Continuidade *e* Mudança e Gestão de Dilemas.

Ao impulsionar a renovação, a alta gerência busca equilibrar a cultura de mudança criada pela renovação contínua com uma ideia de continuidade (...)

A organização precisa se sentir ancorada em algo, o que Jim Collins e Jerry Porras chamam de propósito central e valores centrais da organização.

A continuidade produzida pelo propósito central e os valores centrais são essenciais para a renovação da empresa.

Todas essas declarações revelam o quanto as organizações precisam de estabilidade ou tradição, especialmente em tempos de grandes mudanças. A estabilidade costuma ser representada pelos valores e tradições centrais da própria organização. Chakravarthy e Lorange citam duas dessas tradições "centrais" da Medtronic, uma fabricante de aparelhos médicos: a primeira é uma cerimônia de entrega de medalhas, iniciada no começo da década de sessenta, na qual o CEO se encontra com cada funcionário pessoalmente e entrega uma medalha de bronze com a missão da empresa; a segunda é a festa de Natal na sede da empresa, em Mineápolis, na qual vários pacientes e seus médicos são convidados todos os anos para "contar a história de como receberam suas vidas de volta". Depois, essas narrativas espontâneas são retransmitidas para as filiais da Medtronic ao redor do mundo. As tradições permitem que os funcionários da Medtronic ao redor do mundo formem laços entre si e depois usem a energia criada por esses laços para avançar e buscar a próxima inovação da empresa. Assim, o paradoxo tradição *e* mudança é essencial para o sucesso da Medtronic na gestão do paradoxo crescimento *e* lucro.

Devido à sua perspectiva de mais longo prazo, as empresas familiares têm menos dificuldade com o paradoxo crescimento *e* lucro do que as de capital aberto, por exemplo. Ainda assim, é bom entender o paradoxo, pois saber como gerenciá-lo é importante para o sucesso nos negócios.

The Three Tensions

O livro de Dominic Dodd e Ken Favaro enfoca três paradoxos, ou tensões, específicos:

- rentabilidade *e* crescimento
- todo *e* partes
- curto prazo *e* longo prazo.

Dodd e Favaro começam afirmando que o excelente desempenho se eleva acima dos meios-termos. A seguir, os autores afirmam que a tensão criada entre os dois objetivos aparentemente opostos acaba permitindo que as empresas realizem **ambos**:

há um laço em comum: um ingrediente necessário para que os dois objetivos atuem como complementos, não substitutos. Se o laço estiver ausente, os dois objetivos se tornam substitutos: o bom desempenho de um levará ao mau desempenho do outro. Mas se o laço for forte, então o bom desempenho e reforço mútuo de ambos os objetivos passa a ser possível.[3]

Os autores afirmam que cada uma das três tensões centrais possui um laço especial (uma síntese, na verdade). O *benefício para o cliente* é o laço entre rentabilidade *e* crescimento; os *rendimentos sustentáveis* são o laço entre desempenho de curto *e* longo prazo; e os *ativos diagonais* (recursos e habilidades) são o laço entre o todo *e* as partes da empresa. A gestão desses laços, por meio de uma síntese e sem meios-termos, produz níveis de desempenho superiores para a empresa.

Finalmente, Dodd e Favaro avisam que, quando uma tensão recebe preferência ou prioridade em relação às demais, o resultado é o que chamam de "ciclo corporativo": uma espiral autodestrutiva de comportamentos que limitam o desempenho da empresa. Eles sugerem que poucos autores analisaram maneiras de quebrar esse ciclo:

> Ainda que a conquista simultânea de muitos objetivos aparentemente conflitantes seja um elemento essencial para os desafios da administração, ela não é essencial para a literatura sobre administração (...) muitas técnicas ensinam como melhorar o desempenho da empresa com relação a um objetivo e não dizem nada sobre como fazer o mesmo pelo outro. É essa parcialidade que permite, encoraja até, as modas da administração.

O Capítulo 5 do livro enfoca a necessidade de desenvolver a disciplina da administração nesse aspecto. Dodd e Favaro debatem a necessidade de novos *insights* nessa área:

> a necessidade de um entendimento mais profundo da melhor maneira de combinar as ferramentas existentes (padrões, estratégia, estrutura, processo e cultura). O problema com muitas inovações gerenciais não é que elas são intrinsecamente inúteis na busca pelo bom desempenho, mas sim que sua eficácia depende do que as acompanham, ou seja, com o que estão combinada quando são implementadas. Ainda é necessário muito trabalho para produzir novos *insights* sobre como os gerentes poderiam combinar as diversas ferramentas disponíveis no momento para ajudá-los a melhorar seu desempenho com relação a todos os objetivos combinados.

Quando investigamos paradoxos, é importante que o processo seja compreendido dentro do contexto mais amplo da solução de problemas. Nem todo problema é um paradoxo a ser gerenciado. Os problemas que não são paradoxos se adaptam muito bem a outros conjuntos de ferramentas e processos. Assim, o objetivo da gestão paradoxal não é substituir os meios pelos quais as organizações resolvem problemas atualmente, mas sim melhorar seu repertório de solução de problemas com a adição de novas ferramentas e processos.

Good to Great

Good to Great vendeu mais de 2 milhões de exemplares; o livro, junto com os outros dois escritos (ou coescritos) por Jim Collins, analisados a seguir, teve um grande impacto no mundos dos negócios. Os autores analisaram dados diacrônicos das empresas selecionadas, incluindo ações e momentos que as definiram. Como o nome do livro sugere, o objetivo foi identificar os componentes essenciais que transformaram cada empresa de boa para ótima. A análise deu origem a uma série de conceitos, incluindo vários relacionados direta ou indiretamente com a gestão de paradoxos:

- Liderança Nível 5
- Confrontar os fatos nus e crus (mas nunca perder a esperança)
- Uma cultura de disciplina
- Aceleradores de tecnologia

Collins afirma que as empresas são incapazes de se transformar de bom para ótimo sem as habilidades específicas da liderança Nível 5.

> Liderança Nível 5: Constrói grandeza duradoura por meio de mistura paradoxal de humildade pessoal e força de vontade profissional.[4]

É importante entender o contexto da Liderança Nível 5. Collins tentou não analisar as características dos executivos (ele achava que era uma resposta fácil demais), mas sua equipe de pesquisa sempre voltava ao fato dos executivos no comando de transições de bom para ótimo serem indivíduos muito especiais. O mais interessante é que o padrão desses líderes era "contrário ao senso comum, especialmente a crença de que precisamos de grandes salvadores, com grandes personalidades, para transformar as empresas". Esses líderes eram, na verdade, um "estudo em dualidade: modestos *e* impetuosos, humildes *e* destemidos". Como exemplo de liderança Nível 5 fora do mundo dos negócios, Collins cita Abraham Lincoln. Segundo Collins, Lincoln foi um dos poucos presidentes Nível 5 dos Estados Unidos, alguém que "nunca deixaria o ego atrapalhar sua ambição principal pela causa maior de uma grande nação duradoura".

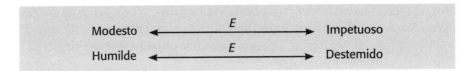

Outro conceito crucial de *Good to Great* também identificou um paradoxo a ser gerenciado: Confrontar os fatos nus e crus (mas nunca perder a esperança). Collins batizou a situação de paradoxo de Stockdale (inspirado pelo ex-prisioneiro de guerra): "Você precisa manter uma fé inabalável no fato de que pode e vai vencer, sejam quais forem as dificuldades, E ao mesmo tempo ter a disciplina para confrontar os fatos nus e crus da realidade atual, sejam eles quais forem".

A cultura de disciplina, o terceiro componente paradoxal do livro de Collins, trata de gerenciar um paradoxo que costuma estar no centro de muitas situações em empresas familiares, como vimos anteriormente: tradição *e* mudança.

> Uma cultura de disciplina envolve uma dualidade. Por um lado, ela exige que as pessoas se atenham a um sistema constante; por outro, ela dá aos indivíduos a liberdade e responsabilidade para agirem dentro da estrutura desse sistema.

Um último componente de *Good to Great* a conter paradoxos é o uso de aceleradores de tecnologia: "[Essas empresas] nunca usam a tecnologia como o meio principal para iniciar uma transformação, mas são, paradoxalmente, pioneiros na aplicação de tecnologias escolhidas a dedo". Foi observado que a tecnologia nunca foi a causa da grandeza ou queda das empresas que alcançaram a grandeza, mas apenas "quando usada da maneira correta, a tecnologia se transforma em um acelerador do movimento que já existe, nunca o criador independente".

Assim, cada um dos componentes destacados no livro de Collins tem a gestão de um paradoxo ou conjunto específico de paradoxos como seu elemento central, reforçando a necessidade de compreender e identificar paradoxos, além de construir a capacidade e capacitação para gerenciá-los, é crucial para o desempenho nos negócios.

Feitas Para Durar e Como As Gigantes Caem

Feitas Para Durar, também de Jim Collins (em parceria com Jerry Porras), foi escrito antes de *Good to Great* e tinha um foco ligeiramente diferente, mas também incluía os temas da gestão de paradoxos como central para o sucesso das "empresas visionárias". O objetivo de *Feitas Para Durar* era identificar pares de empresas semelhantes e descobrir os princípios que tornavam apenas uma delas visionária. As empresas visionárias são definidas como:

> instituições de primeira linha, as joias da coroa, em seus setores, admiradas por seus pares e com um longo histórico de impactos significativos no mundo ao seu redor. O mais importante é que uma empresa visionária é uma organização, uma instituição (...) empresas visionárias prosperam durante longos períodos de tempo, através de múltiplos ciclos de vida do produto e múltiplas gerações de líderes ativos.[5]

Na introdução à edição em brochura do livro, os autores destacam a necessidade por continuidade *e* mudança: "se as grandes empresas duradouras têm um 'segredo', é a capacidade de gerenciar a continuidade e a mudança, uma disciplina que deve ser praticada conscientemente, mesmo pelas empresas mais visionárias". O livro então cita várias empresas, tanto aquelas incluídas no estudo como visionárias quanto outras que estavam "no radar", categorizadas como adições em potencial. O grupo incluía várias que começaram ou continuam a ser empresas familiares: Hewlett-Packard, Johnson & Johnson, Walmart, Levi Strauss e Cargill. A ideia central é que essas empresas sabem o que é sagrado e o que podem mudar e também sabem aplicar esse conhecimento. É mais um exemplo da necessidade de gerenciar a tradição *e* a mudança.

Feitas para Durar ainda desenvolve quatro conceitos principais, dois dos quais enfocam a gestão de paradoxos:

> Adote o "Gênio do E".
> Preserve o core/estimule o progresso.

Adotar o "Gênio do E" é o contrário da atitude conhecida como a "Tirania do OU". Assim, precisamos estar confortáveis com o desconforto. Precisamos conviver com duas forças ou ideias que parecem contraditórias, em vez de sucumbir à Tirania do OU e escolher uma delas.

Em vez de serem oprimidas pela Tirania do OU, as empresas altamente visionárias se libertam com o Gênio do E, a capacidade de adotar **ambos** os extremos de várias dimensões ao mesmo tempo. Em vez de escolher A OU B, elas descobrem maneiras de ter A E B. A Figura B-1 destaca alguns dos paradoxos (as contradições aparentes) das empresas visionárias analisadas em *Feitas Para Durar*. Os itens destacados são consistentes com os paradoxos que costumam emergir com mais frequência nas empresas familiares e são analisados em mais detalhes no resto deste livro.

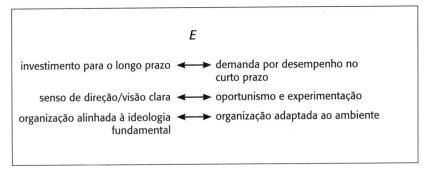

Figura B-1 Paradoxos em muitas das empresas visionárias apresentadas em *Feitas Para Durar*.

Observe que o foco não está em "equilibrar" qualquer um dos lados do paradoxo, mas sim em buscar proativamente **ambos** os lados. O equilíbrio sugere que há um meio-termo, 50/50, meio a meio (...) Em suma, uma empresa altamente visionária não quer se misturar (...) ela tenta (...) gerenciar de um modo diferenciado (...) **ambos** ao mesmo tempo e todo o tempo. (...) Irracional? Talvez. Raro? Sim. Difícil? Claro. É exatamente isso que as Família Empreendedoras devem fazer, como vimos neste livro.

Feitas Para Durar destaca outro paradoxo que exige uma gestão consciente e cuidadosa: Preservar o núcleo/estimular o progresso; em outras palavras, tradição *e* mudança:

> A inter-relação entre o *core business* e o progresso é um dos achados mais importantes das nossas pesquisas. No espírito do Gênio do E, uma empresa visionária não busca o mero equilíbrio entre *core business* e progresso, ela busca ser ambas, altamente ideológica e altamente progressiva, ao mesmo tempo e todo o tempo. Na verdade, a ideologia fundamental e a busca pelo progresso coexistem nas empresas visionárias (...) cada elemento potencializa, complementa e reforça o outro:
> – A ideologia fundamental potencializa o progresso ao oferecer uma base para a continuidade, em torno da qual a empresa visionária pode evoluir, experimentar e mudar. Tendo uma visão clara do que é nuclear (e, logo, relativamente fixo), a empresa pode buscar mais facilmente a variação e o movimento em tudo que está além do *core business*.
> – A busca pelo progresso potencializa a ideologia fundamental, pois sem avanço e mudanças contínuas, a empresa – a portadora do núcleo – fica para trás num mundo que está sempre mudando; ela deixa de ser forte ou talvez até de existir.

Os autores também defendem que:

> Uma empresa altamente visionária não tem apenas um vago conjunto de intenções ou zelo apaixonado em torno *core business* e do progresso. Claro, as empresas altamente visionárias têm ambos, mas elas também têm mecanismos concretos para preservar a ideologia fundamental e estimular o progresso.

O livro cita várias maneiras concretas pelas quais algumas empresas visionárias preservam o *core business*: criando universidades corporativas e exigindo que todos os funcionários se matriculem, instituindo políticas rigorosas de promoção interna e criando um culto ao serviço reforçado por multas e recompensas concretas, entre outras. Todas se encaixam muito bem no modo como este livro trabalha o paradoxo tradição *e* mudança.

Feitas Para Durar defende a noção de entender e gerenciar os paradoxos e de torná-los concretos para que possam conviver com a organização. Este livro expande essa noção, ensinando os membros de empresas familiares a identificarem os paradoxos específicos de cada situação e depois utilizar os processos e ferramentas para desenvolver um plano e garantir que a tensão criada pelo paradoxo será usada para **ambas** as funções: estreitar os laços familiares *e* impulsionar a empresa.

Observe que algumas dessas empresas *Feitas Para Durar* decaíram nos últimos anos, como Collins conta em seu último livro, *Como as Gigantes Caem*. Ele sugere que um dos motivos para a decadência é a arrogância gerada pelo sucesso, especialmente quanto a "Confundir o quê e o porquê". *Como as Gigantes Caem* afirma que:

> Assim como o artista busca produzir ao mesmo tempo excelência duradoura e criatividade chocante, as grandes empresas cultivam uma tensão produtiva entre continuidade e mudança. Por um lado, elas aderem aos princípios que deram origem ao sucesso; por outro, elas estão sempre evoluindo, modificando sua abordagem com melhorias criativas e adaptação inteligente.[6]

Mais uma vez, trata-se de gerenciar a tradição *e* a mudança:

> Não há nada de errado com a adesão a práticas e estratégias específicas (na nossa opinião, aliás, as grandes empresas demonstram uma consistência tremenda), mas apenas se você entende os motivos fundamentais por trás das práticas e, logo, sabe quando mantê-las e quando mudá-las.

Nas empresas familiares, um exemplo disso é a constituição da família. Quando o texto é criado, o mais importante é escrever um forte preâmbulo, fácil de entender e que dê origem a todas as políticas. Por quê? Porque o preâmbulo ajudará a identificar sob que circunstâncias poderia ser necessário mudar as políticas de modo a beneficiar a família *e* a empresa. Assim, quando chega o momento de considerar mudanças, as partes interessadas entendem a intenção da constituição, o "porquê" que ajuda a saber "quais" partes da constituição podem ser ajustadas e sob que condições. Em outras palavras, não confundir "o quê" com "o porquê".

Os 7 Hábitos das Pessoas Altamente Eficazes

O livro de Stephen Covey trabalha a resolução de problemas pessoais e profissionais e se baseia em uma abordagem centrada em princípios que consiste em sete hábitos essenciais. No final das décadas de oitenta e noventa, o livro se tornou leitura esperada e a base de um curso obrigatório para todo executivo em ascensão. Um hábito específico está diretamente relacionado com a necessidade de acolher os conflitos, o Hábito 6: Criar Sinergia – princípios da cooperação criativa. A definição de Covey para sinergia é que:

> o todo é maior do que a soma das partes (...) a relação que as partes têm umas com as outras é uma parte em si. Ela não é só mais uma parte, mas sim a mais catalisadora, a mais fortalecedora, a mais unificadora e a mais animadora de todas.[7]

O conceito é um componente crucial do processo de construir a capacidade e a capacitação para gerenciar paradoxos nas organizações. Do ponto de vista de Covey, a gestão de paradoxos significa reconhecer que o poder está em gerenciar ambas as partes e ver esse ato como uma parte em si, o que ele chama de "sinergia".

Covey também analisa os meios-termos. Apesar do meio-termo (analisado neste livro) ser uma maneira de abordar uma situação com interesses opostos (como um paradoxo), ele produz resultados menos do que ideais do que a gestão das interdependências presentes. Covey usa uma analogia que reforça e ilustra bem essa ideia:

> Em situações interdependentes, a posição mais comum é o meio-termo. O meio-termo significa que 1 + 1 = 1 1/2. A sinergia significa que 1+1 pode ser igual 8, 16 ou 1600.
>
> Buscar a terceira alternativa é uma grande mudança de paradigma em relação à mentalidade dicotômica ou/ou. Mas veja as diferenças nos resultados. Quanta energia negativa é gasta quando as pessoas tentam resolver problemas ou tomar decisões em uma realidade interdependente? (...) É como tentar dirigir com um pé no acelerador e outro no freio! E em vez de tirar o pé do freio, a maioria das pessoas só pisa mais no acelerador. Elas tentam aplicar mais pressão, mais eloquência, mais informações lógicas para fortalecer suas posições. O problema é que pessoas altamente dependentes estão tentando ter sucesso em uma realidade interdependente

> (...) E a sinergia não tem como sobreviver nesse ambiente (...) A essência da sinergia é valorizar as diferenças.

Quando lidamos com paradoxos, a interdependência das forças opostas é um ponto pacífico. De acordo com o livro de Covey, lidar com um dos dois lados, aquele que parece mais negativo, dada a situação atual, pode ser um obstáculo para a conquista dos seus objetivos. Ele faz referência ao processo científico para explicar melhor.

> Em uma situação interdependente, a sinergia é especialmente poderosa para lidar com as forças negativas que trabalham contra o crescimento e a mudança (...) O sociólogo Kurt Lewin desenvolveu o modelo da Análise do Campo de Forças, no qual descreve qualquer nível de desempenho atual como sendo um estado de equilíbrio entre as forças de impulso que encorajam o movimento para cima e as forças restritoras que o desencorajam. As forças de impulso costumam ser positivas, razoáveis, lógicas, conscientes e econômicas. As forças restritoras, por outro lado, costumam ser negativas, emocionais, ilógicas, inconscientes e sociais/psicológicas. Ambos os tipos de forças são reais e devem ser levadas em consideração quando lidamos com a mudança.
>
> Aumentar as forças positivas pode gerar resultados, mas só por algum tempo. Enquanto as forças negativas estiverem presentes, ficará cada vez mais difícil manter o efeito das positivas. É como pressionar uma mola: quanto mais você aperta, mais força precisa fazer, até que, de repente, a força da mola leva tudo de volta ao nível original.

A seção sobre a análise do campo de forças no livro de Covey é consistente com o que acontece no caso da gestão ineficaz de paradoxos: a organização alterna entre uma solução e outra à medida que os pontos negativos associados a cada uma emergem. Covey enfatiza a necessidade de reconhecer as oposições interdependentes nos paradoxos e gerenciá-las para produzir sinergia, que por sua vez maximiza a eficácia do negócio; em outras palavras, adotar uma abordagem **Ambos**/*E*.

> Mas se você introduz a sinergia (...) É possível criar uma atmosfera na qual (...) descongelá-las, afrouxá-las e criar novos *insights* que realmente transformam as forças negativas em positivas (...) O resultado é que novas metas são criadas, metas compartilhadas, e o empreendimento como um todo se eleva, muitas vezes de maneiras que ninguém teria como antecipar.
>
> Sua própria sinergia interna está completamente dentro do círculo. Você pode respeitar ambos os lados da própria natureza, o lado analítico e o lado criativo. Você pode valorizar as diferenças entre eles e usar essa diferença como catalisador da criatividade.

Vencendo a Crise

Tom Peters e Robert Waterman estudaram diversas empresas no começo da década de oitenta para descobrir os oito princípios que as empresas "melhor administradas" empregavam. O princípio de *Vencendo a Crise* que trata sobre a gestão de paradoxos é o Princípio 8: Propriedades simultaneamente flexíveis e rígidas:

> Toda organização funcional não é centralizada ou descentralizada, mas sim uma combinação maravilhosa de ambos. Em torno da maioria das dimensões, as melhores empresas, hoje e sempre, são flexíveis. Elas dão liberdades excepcionais às pessoas para que possam fazer as coisas do próprio jeito. Ao mesmo tempo, as grandes empresas são altamente centralizadas com relação a algumas dimensões cruciais: os valores centrais que compõem sua cultura, uma ou duas altas prioridades estratégicas (no máximo) e alguns indicadores financeiros cruciais.[8]

Os autores também afirmam que:

> Propriedades simultaneamente flexíveis e rígidas, as últimas dos nossos "oito elementos básicos" das práticas de gestão excelentes, são quase que apenas um resumo. O item abrange muito do que veio antes e, numa surpresa agradável, emergiu por um processo de síntese. Na sua essência, trata-se da coexistência da direção central da organização e da autonomia individual máxima, o que chamamos de "vender a vaca e beber o leite". As organizações que vivem o princípio das propriedades flexíveis e rígidas, por um lado, são controladas rigidamente, mas, por outro, permitem (insistem, na verdade) autonomia, empreendedorismo e inovação entre as massas. Elas fazem isso literalmente pela "fé" – pelos sistemas de valores.
> <u>Elas deram bastante corda, mas aceitaram a probabilidade de que alguns subalternos iriam se enforcar. As propriedades flexíveis e rígidas tratam da corda.</u>

As empresas "excelentes", ou seja, as que venceram a crise, demonstraram uma série de paradoxos; ou, como o livro sugere, "Estas são as contradições aparentes que, na prática, mostram que não têm nada de contraditórias". Vários dos paradoxos analisados em *Vencendo a Crise* são destacados a seguir:

- Autonomia *e* disciplina:
  (...) a autonomia é um produto da disciplina. A disciplina (alguns valores compartilhados) fornece a estrutura. Ela dá confiança às pessoas (para experimentarem, por exemplo) a partir de expectativas estáveis sobre o que conta de verdade.
  As regras nas empresas excelentes têm papel positivo. Elas discorrem sobre qualidade, serviço, inovação e experimentação. Seu foco está em construir e expandir, o oposto de restringir; enquanto a maioria das empresas se concentra em controlar e limitar. Parece difícil de entender que regras podem reforçar algo positivo ou desencorajar algo negativo, mas o primeiro tipo é muito mais eficaz.

- Pequeno *versus* grande (em outras palavras, eficácia *versus* eficiência):
  (...) a contradição eficiência/eficácia se dissolve no ar. Os itens de qualidade são produzidos por artesãos, em geral em empreendimentos de pequena escala (...) Supostamente, as atividades que produzem eficiências de custos precisam de grandes instalações para obter economias de escala (...) em quase todos os casos, o pequeno é lindo (...) se revela o mais eficiente (...) assim, descobrimos que, nessa área absolutamente essencial, não há um conflito de verdade.
- Externo *versus* interno:
  (...) essas empresas têm ao mesmo tempo foco externo e foco interno. Externo, no sentido de serem motivadas pelo desejo de oferecer serviços, qualidade e solução de problemas inovadora para apoiar os clientes; interno, no sentido do controle de qualidade ser colocado nas mãos do trabalhador de linha individual (...) os padrões de serviço também são, em grande parte, automonitorados. A organização se alimenta da competição interna (...) comunicação intensa, sentimento familiar, políticas de portas abertas, informalidade, fluidez e flexibilidades (...) isso compõe o foco crucial interno (...) nas pessoas.
- Segurança *versus* a necessidade de persistir:
  Ao oferecer significado além de dinheiro, eles dão aos funcionários uma missão e também um sentimento positivo. Todos se transformam em pioneiros, experimentadores, líderes. A instituição oferece uma crença que os orienta e gera entusiasmo, uma ideia de pertencer ao que há de melhor, a ideia de produzir algo de qualidade e que é valorizado por todos (...) espera-se que o trabalho médio dessas empresas contribua, dê ideias, inove no atendimento ao cliente e na produção de bens de qualidade (...) espera-se que todo indivíduo se destaque e contribua, que todos sejam especiais.

Assim, um atributo essencial das empresas "excelentes" é a capacidade, mais do que de gerenciar as contradições que o paradoxo representa, de utilizá-las para aumentar o desempenho.

Em suma

De Covey a Collins, de Peter a Johnson, todos os autores citados até aqui tem uma coisa em comum: a necessidade de gerenciar os paradoxos! Os termos usados podem variar, mas os significados são os mesmos. A consequência está clara: precisamos enxergar e gerenciar os problemas paradoxais de uma maneira diferenciada no ambiente empresarial. Mas também está claro que nada disso significa que devemos deixar de lado tudo que foi usado no passado, apenas que esses métodos devem ser ampliados para incluir a identificação, o entendimento e a gestão de paradoxos.

Apêndice C

Avaliação Família em Primeiro Lugar/Empresa em Primeiro Lugar

Processo

Este Apêndice apresenta uma autoavaliação (também analisada no começo da parte I) que pode ajudar os membros da empresa familiar a compreenderem suas perspectivas atuais sobre a empresa *e* a família. O texto abaixo apresenta os detalhes principais, incluindo instruções sobre como administrar a ferramenta.

O que é:	A avaliação contém perguntas sobre a orientação à família ou à empresa em áreas que costumam ser controversas.
Quem pode usar:	Qualquer um associado a uma empresa familiar: parentes, proprietários e membros da gerência, entre outros.
Quando ela ajuda:	Pode ser útil em diversos pontos na evolução da empresa familiar, incluindo: ■ transições de liderança ■ resolução de conflitos entre os membros ■ pontos críticos para a estratégia da empresa.
Por que usar:	O objetivo é desenvolver o entendimento individual e coletivo da orientação ao negócio e/ou à família e como esta pode afetar decisões e processos críticos.

Siga os passos a seguir para administrar a avaliação.

Passo 1. Distribua uma cópia do questionário, de preferência impressa, a cada respondente.

Passo 2. Peça que cada respondente leia cada pergunta e circule a resposta que representa o seu ponto de vista.
(Observação: Se alguém não tiver certeza sobre como responder a uma pergunta, peça que marque o número 3, o ponto central do instrumento.)

Passo 3. Depois que os respondentes completarem ambas as páginas da avaliação, peça que somem os valores correspondentes às 14 perguntas sobre empresa em primeiro lugar e depois as 14 sobre família em primeiro lugar.

Passo 4. Use uma de duas abordagens de seguimento possíveis:

a. Abordagem aberta: Crie uma grade (ver exemplo abaixo) em um quadro branco e peça que cada respondente marque o se escore total depois de terminar o questionário.

Total da página	Empresa em Primeiro Lugar	Família em Primeiro Lugar
Total > 44		
40–44		
Total < 40		

b. Abordagem fechada: Todos completam, somam e devolvem seus questionários ao moderador, que a seguir categoriza os escores finais seguindo o modelo acima, mas preservando o anonimato dos respondentes.

Passo 5. Depois que as respostas forem compiladas e apresentadas ao grande grupo, você tem alguns dados que podem servir de base para uma conversa. Por exemplo, talvez o grupo esteja dividido: mais ou menos metade tem uma orientação de empresa em primeiro lugar, enquanto a outra metade tem uma orientação de família em primeiro lugar. Use exemplos para falar sobre o assunto. Talvez você descubra que as pessoas que trabalham no cotidiano da empresa têm uma visão, enquanto as pessoas de fora da empresa têm outra; ou então que uma geração ou ramo da família tem uma visão diferente dos outros; e assim por diante.

Passo 6. É importante reconhecer que a avaliação não tem respostas certas, apenas pontos de vista diferentes. Assim, o primeiro passo para um melhor entendimento entre os familiares é se conscientizar sobre os pontos de vista alheios. O segundo é compreender os diversos fatores que levaram a esse ponto de vista, de ambos os lados. Estar ciente das divergências (ou convergências) dos pontos de vista, assim como a base de cada um, ajuda a família a planejar melhor o negócio e a si mesma.

Tabela C.1 Avaliação Família em Primeiro Lugar/Empresa em Primeiro Lugar, Parte A: Questões de Negócios para Empresas Familiares

1	Você é generoso com os acionistas em termos de oferecer liquidez e dividendos?	1	2	3	4	5	Ou você prefere manter o capital dentro da empresa?
2	Se um acionista quer fazer um resgate, a fórmula de avaliação das ações oferece um preço alto?	1	2	3	4	5	Ou você tenta manter o preço das ações baixo?
3	A empresa enfoca a rentabilidade de curto prazo?	1	2	3	4	5	Ou mais o crescimento de longo prazo?
4	Você prefere ter alguns negócios diversificados?	1	2	3	4	5	Ou um focado?
5	A empresa trabalha principalmente no mercado interno?	1	2	3	4	5	Ou é mais global?
6	A empresa prefere privacidade?	1	2	3	4	5	Ou vê relações públicas de alta visibilidade como importantes?
7	Você prefere a velocidade de tomada de decisões de uma empresa de capital privado?	1	2	3	4	5	Ou a disciplina e responsabilidade do capital aberto?
8	Você trabalha com parentes que são fornecedores, vendedores ou conselheiros?	1	2	3	4	5	Ou prefere uma política estrita com relação a conflitos de interesse?
9	A empresa valoriza a lealdade acima de tudo?	1	2	3	4	5	Ou dá preferência a mérito e conquistas?
10	Você oferece a mesma sensação de segurança na carreira para executivos não familiares?	1	2	3	4	5	Ou os recompensa com opções de ações?
11	As decisões se baseiam muito nos valores familiares?	1	2	3	4	5	Ou mais na maximização do preço das ações?
12	Você respeita mais a tradição?	1	2	3	4	5	Ou é um promotor de mudanças?
13	A preservação do patrimônio é uma prioridade dos proprietários?	1	2	3	4	5	Ou o foco está mais no empreendedorismo?
14	Você procura diretores independentes com uma natureza apoiadora?	1	2	3	4	5	Ou aqueles que oferecem críticas mais objetivas das decisões e políticas?
	Escore total:						

Fonte: Family First/Business First Assessment, John L. Ward, Family Business Consulting Group, 1999.

Tabela C.1 Avaliação Família em Primeiro Lugar/Empresa em Primeiro Lugar, Parte B: Questões Familiares para Famílias Proprietárias de Empresas

1	Você recebe o emprego de familiares de braços abertos, independente de experiência de trabalho ou qualificação educacional?	1	2	3	4	5	Ou tem requisitos bastante seletivos antes de oferecer empregos a familiares?
2	As diferenças de opinião são aceitas entre os familiares, de modo que todos podem expressar visões diferentes para a gerência?	1	2	3	4	5	Ou a família tenta ter uma só voz nas comunicações com os executivos da empresa?
3	A propriedade é passada de geração em geração dentro do mesmo ramo familiar?	1	2	3	4	5	Ou há esforços para garantir que os familiares das gerações futuras terão propriedade mais igualitária (per capita), independente do tamanho de cada ramo?
4	A tomada decisão respeita os mais velhos?	1	2	3	4	5	Ou uma liderança mais enérgetica de "assumir as rédeas"?
5	Os proprietários não empregados estão envolvidos na tomada de decisões de negócios?	1	2	3	4	5	Ou ficam distantes?
6	Os familiares sentem que a empresa é parte da sua identidade?	1	2	3	4	5	Ou sentem autonomia em relação a ela?
7	A família demonstra qualidade de vida de alto nível?	1	2	3	4	5	Ou se esforça para disfarçar sua riqueza?
8	As políticas e regras para os familiares são flexíveis?	1	2	3	4	5	Ou bastante formais e precisas?
9	A compensação dos familiares é privada?	1	2	3	4	5	Ou está aberta para os familiares e executivos?
10	Alguns temas e questões são tabus entre os familiares?	1	2	3	4	5	Ou a comunicação é aberta?
11	A participação dos familiares em eventos da empresa é voluntária?	1	2	3	4	5	Ou esperada ou exigida?
12	Os parentes mais distantes passam bastante tempo uns com os outros fora do contexto de trabalho?	1	2	3	4	5	Ou as pessoas passam a maior parte do tempo pessoal com seus parentes mais próximos?
13	Os familiares veem a empresa como gerando oportunidades de liberdade pessoal?	1	2	3	4	5	Ou ela gera uma sensação maior de responsabilidade pessoal?
14	Os familiares usam os recursos da empresa para fins pessoais?	1	2	3	4	5	Ou a utilização de contas de despesas, funcionários ou veículos para uso pessoal é proibida?
	Escore total:						

Fonte: Family First/Business First Assessment, John L. Ward, Family Business Consulting Group, 1999.

Escore

Para interpretar seus escores, observe que as perguntas na primeira página são questões clássicas enfrentadas por empresas (Tabela C-1, Parte A: Questões de Negócios para Empresas Familiares). Quanto maior o escore, maior a disposição de responder as perguntas de um ponto de vista que coloca a empresa em primeiro lugar. Quanto menor o escore, mais as respostas partem de um ponto de vista que coloca a família em primeiro lugar em questões de negócios. A Tabela C-2 ajuda a determinar seu foco.

Tabela C.2 Escore da Avaliação Empresa em Primeiro Lugar/Família em Primeiro Lugar

Total da página	Seu foco
Total > 44	Empresa em Primeiro Lugar
40 – 44	Não há predomínio de Empresa ou Família em Primeiro Lugar
Total < 40	Família em Primeiro Lugar

Do mesmo modo, as perguntas na segunda página são questões enfrentadas pela família (Tabela C-1, Parte B: Questões Familiares para Famílias Proprietárias de Empresas). Quanto maior o escore, maior a disposição de responder as perguntas de um ponto de vista que coloca a empresa em primeiro lugar em questões familiares. Quanto menor o escore, mais as respostas partem de um ponto de vista que coloca a família em primeiro lugar.

Tendências

Ao analisar os resultados de diversos países, gerações e famílias durante vários anos, dois temas emergem.

- Os membros da empresa familiar dentro da mesma cultura têm padrões de respostas semelhantes com relação a perguntas sobre empresa em primeiro lugar e família em primeiro lugar.
- Apesar dessa consistência intracultural das respostas, também há uma variação previsível entre as famílias pesquisadas dentro de cada cultura.

A Figura C-1 exemplifica como a cultura nacional, o primeiro item na lista, tende a moldar as respostas na avaliação. A figura resume cinco

208 Apêndice C

Figura C-1 Compilação dos resultados da avaliação Empresa em Primeiro Lugar/ Família em Primeiro Lugar.

padrões gerais de respostas. Observe que cada um dos cincos está representado em um de cinco locais no modelo de quadrantes. Por exemplo, Neutro, localizado no meio do modelo, representa a ausência de tendências fortes a colocar a família ou a empresa em primeiro lugar.

Resumo das cinco categorias de respostas apresentadas na Figura C.1

- *Empresa em Primeiro Lugar* em questões de negócios e questões familiares
- *Equilibrado*: Empresa em primeiro lugar em questões de negócios e família em primeiro lugar em questões familiares (em outras palavras, você administra a família como uma família e a empresa como uma empresa)
- *Neutro*: Sem tendência forte a colocar a família ou a empresa em primeiro lugar

- *Invertido*: Família em primeiro lugar em questões de negócios e negócio em primeiro lugar em questões familiares (em outras palavras, você administra o negócio como uma família e a família como uma empresa)
- *Família em Primeiro Lugar* em questões de negócios e questões familiares

Observe, entretanto, que a variação entre famílias é enorme dentro de cada cultura nacional, seja ela qual for. Cada família, com base na própria história e experiências exclusivas, tem sua própria tendência. E dentro de cada família, indivíduos diferentes podem ter perspectivas diferentes.

No contexto dos resultado gerais da Avaliação Empresa em Primeiro Lugar/Família em Primeiro Lugar, reflita sobre como sua própria família toma decisões quando confrontada com escolhas que têm impacto sobre a empresa e a família. A opção escolhida (ou seja, empresa ou família em primeiro lugar) depende do tipo de problema enfrentado? Ou a escolha é consistente, seja qual for a preocupação? Talvez você queira explorar melhor essa questão com os familiares no futuro. Como foi mencionado anteriormente, o Apêndice C contém uma cópia em branco da Avaliação Empresa em Primeiro Lugar/Família em Primeiro Lugar para ser usada no seu grupo familiar, além de um processo estabelecido para conduzi-la.

Ao enfrentar os desafios especiais das empresas familiares, vale a pena conhecer as próprias preferências e a dos membros da família e da equipe executiva, individual e coletivamente. Conhecer as tendências, próprias e alheias, promove uma atenção cuidadosa àqueles com opiniões diferentes. Na gestão eficaz de paradoxos, é importante conhecer as próprias tendências e conseguir simpatizar com quem vê a situação de outro ponto de vista. A autoavaliação e outras estratégias de conscientização ajudam a revelar essas tendências.

Apêndice D
Mais sobre Mapas da Polaridade™

O Dr. Barry Johnson e a Polarity Management Associates[1] utilizam os Mapas da Polaridade™ há muitos anos, em uma ampla gama de contextos. Com base nessa experiência, eles identificaram maneiras específicas de aplicar o mapa a uma série de dinâmicas recorrentes. Neste apêndice, revisamos e aplicamos diversas abordagens baseadas no mapa a conflitos e paradoxos clássicos das empresas familiares.

Resistência a mudanças

A mudança não é fácil para a maioria dos sistemas tradicionais e as empresas familiares não são exceções. Mesmo quando a família reconhece a necessidade de apreciar ambos os lados do paradoxo, pode haver um nível de resistência considerável à ideia de adotar um polo que, historicamente, não é favorecido. O Mapa da Polaridade™ pode ser extremamente útil em ajudar a família a avançar além da resistência a mudanças, especialmente quando os membros completam o mapa em conjunto.

Pense em um paradoxo clássico das empresas familiares: privacidade *e* transparência. Muitas famílias proprietárias de empresas têm uma forte preferência por privacidade e protegem com unhas e dentes as informações sobre a empresa e a família. Elas veem a confidencialidade das informações de negócios como uma vantagem competitiva crucial e dão muito valor à privacidade pessoal. Outros familiares, por sua vez, preferem a transparência: eles querem saber o que está acontecendo na empresa para estarem bem informados e participarem do processo de tomada de decisões. Eles também podem querer compartilhar as informações pessoais com mais abertura para promover relacionamentos familiares mais autênticos e significativos.

O paradoxo privacidade *e* transparência é um pivô tradicional de possíveis conflitos familiares. Como vimos no Capítulo 3, os familiares que trabalham na empresa costumam preferir a privacidade, enquanto quem não trabalha nela tende a preferir a transparência. Empresas mais novas, nas Gerações G1 e G2, quase sempre enfocam a privacidade. Em fases posteriores, um grupo de proprietários maior, uma característica comum da G3, normalmente faz pressão por mais transparência. Em muitos países, o uso de redes sociais pelos parentes mais jovens pode parecer uma ameaça para os familiares mais velhos. Em geral, a pressão por mudança, especialmente em direção a mais transparência, pode amedrontar familiares e gerar forte resistência entre eles.

Nessa situação específica, e em outras que envolvem resistência a mudanças, o Mapa da Polaridade^{TM} pode ser muito útil na promoção de uma abordagem saudável de **Ambos**/E que transforma essa resistência natural em entendimento e apoio para as metas compartilhadas. Para ajudar a trabalhar a resistência em situações de empresas familiares, aborde o mapa com os passos a seguir (como vemos na Figura D-1; os nomes dos quadrantes correspondem aos passos a seguir):

A. Comece pela <u>vantagem do polo preferido historicamente</u> (no caso, imagine que é a privacidade). Passe bastante tempo explorando e apreciando os aspectos positivos desse lado. Naturalmente, o grupo que resiste a mudanças ficará mais confortável nesse quadrante.

B. Na diagonal, avance em direção à <u>desvantagem do polo não preferido historicamente</u> (aqui, a transparência). Este também deve ser um quadrante confortável para o grupo resistente.

C. A seguir, passe para a <u>desvantagem do polo preferido historicamente</u> (privacidade). Provavelmente haverá alguma relutância em descrever os aspectos negativos da opção preferida tradicional, mas a resistência potencial deve ser reduzida pelos passos A e B.

D. Finalmente, o passo mais difícil: liste as <u>vantagens do polo não preferido historicamente</u> (transparência). Vai haver alguma resistência e será difícil completar o quadrante, mas os passos anteriores devem ajudar o grupo nessa tarefa.

A abordagem é muito eficaz em reduzir a resistência a mudanças e pode ajudar a transformá-la em apoio. O processo de completar o mapa ativa uma mentalidade mais próxima à ideia de **Ambos**/*E*. Ele ajuda o grupo a aceitar a necessidade de **ambos**: o lado preferido historicamente *e* seu par correspondente, o lado não preferido.

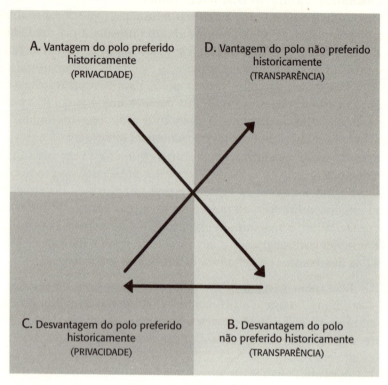

Figura D-1 Sequência do Mapa da Polaridade™ para lidar com a resistência a mudanças.

Situações dolorosas

É difícil imaginar uma família que não precise lidar com algum conflito doloroso em algum ponto da sua história. Muitas vezes, um paradoxo está no centro de uma experiência dolorosa. Usar o Mapa da Polaridade™ em família para compreender um paradoxo pode ser um processo extremamente útil nessa situação.

O paradoxo das necessidades do grupo *e* as necessidades do indivíduo é muito comum em famílias que trabalham numa mesma empresa. Muitas famílias têm um longo histórico de enfatizar as necessidades do grupo e ignorar as dos indivíduos. Na verdade, algumas empresas familiares acreditam que *devem* enfatizar as necessidades do grupo em todas as circunstâncias para sobreviverem. O resultado é que os familiares podem sentir que suas necessidades enquanto indivíduos são minimizadas e/ou ignoradas. Com o tempo, uma ênfase histórica e inabalável no grupo passa a ser vista como uma afronta pessoal, uma expressão da falta de carinho, uma "armadilha" e/ou uma fonte de sofrimento emocional profundo para alguns parentes.

Nesses casos, o Mapa da Polaridade™ pode ser muito útil na promoção de uma abordagem saudável de **Ambos**/E que trabalhe as necessidades de quem está sofrendo. Trabalhando em conjunto, a família se beneficia quando aborda o mapa na sequência abaixo (ver Figura D-2):

A. Comece com a "dor", ou seja, a desvantagem do polo preferido historicamente (necessidades do grupo). O quadrante pro-

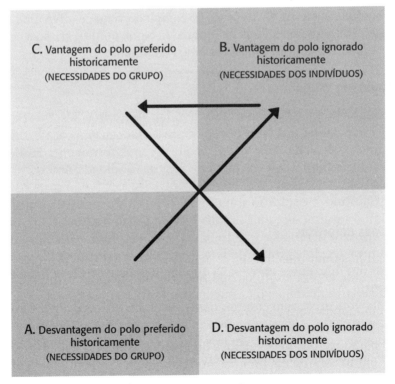

Figura D-2 Sequência do Mapa da Polaridade™ para lidar com uma situação dolorosa.

vavelmente será uma boa descrição do sofrimento sentido por aqueles que preferem o outro polo (necessidades dos indivíduos). Explore esse quadrante ao máximo, sempre trabalhando em grupo.

B. Depois que os indivíduos tiveram a oportunidade de expressar seus sentimentos, avance para uma declaração das <u>vantagens do polo ignorado historicamente</u> (necessidades dos indivíduos). Essa pode ser a primeira vez que o grupo reconhece as vantagens desse polo.

C. Passe para as <u>vantagens do polo preferido historicamente</u> (necessidades do grupo) e explore-o por completo para compreender por que tantos preferiram esse valor no passado.

D. Termine com as <u>desvantagens do polo ignorado historicamente</u> (necessidades dos indivíduos).

A abordagem é eficaz em trabalhar situações que envolvem dor e outros sentimentos negativos. O processo de completar o mapa ativa uma mentalidade mais próxima à ideia de **Ambos**/*E*, o que ajuda o grupo a aceitar a necessidade de honrar **ambos** os lados do paradoxo.

Reunindo um grupo

Por mais forte que seja a empresa familiar, os muitos desafios enfrentados com o passar dos anos podem representar uma ameaça à unidade do grupo. O Mapa da Polaridade™ pode ser uma ferramenta muito útil para reunir a família no contexto de uma mentalidade **Ambos**/E mais abrangente.

O Capítulo 3 explorou uma fonte comum de ameaças à unidade familiar: o surgimento, na Fase dos Primos Colaboradores (G3), de um racha entre os acionistas que trabalham na empresa e aqueles que estão de fora. Os dois grupos podem desenvolver prioridades e perspectivas muito diferentes entre si, o que em alguns casos leva a conflitos internos.

Uma área de tensão comum nesse contexto envolve o paradoxo de colher *e* investir. Algumas empresas familiares dão muita ênfase a investimentos em relação a colher os frutos do trabalho. Espera-se que os acionistas que não trabalham na empresa sigam os outros e também que apoiem a ênfase em investimentos. Historicamente, nessas situações, os acionistas que preferem colher a investir têm muito menos poder e influência na tomada de decisões nessa área.

Apêndice D **215**

O Mapa da Polaridade™ pode ser muito útil para reunir grupos quando eles enfrentam questões desse tipo. O grupo deve abordar o mapa na sequência a seguir (ver Figura D-3):

A. Comece pelas <u>vantagens do polo menos poderoso</u> (colher). Ouça tudo que puder sobre essas vantagens, com muito reforço.
B. Passe para as <u>desvantagens do polo mais poderoso</u> (investir). Mais um vez, o processo deve fortalecer e reconhecer os membros que costumam ficar em silêncio.
C. Depois que a "visão minoritária" foi explorada e apreciada, passe para as <u>vantagens polo mais poderoso</u> (investir).
D. Finalmente, complete as <u>desvantagens do polo menos poderoso</u> (colher).

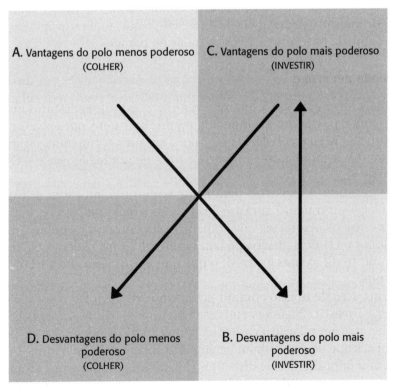

Figura D-3 Sequência do Mapa da Polaridade™ para reunir um grupo.

Essa sequência revela perspectivas que são frequentemente ignoradas pelo grupo, consciente ou inconscientemente. A equipe é fortalecida pela recepção calorosa e genuína dada a cada familiar e seus respectivos pontos de vista.

Utilidades divertidas para o Mapa

Caminhando pelo Mapa

Uma atitude mais *física* pode oferecer muitos benefícios para a experiência de gerenciar paradoxos com o Mapa da Polaridade^{TM}. Por exemplo, os grupos quase sempre têm um momento "arrá!" quando "caminham pelo mapa". Tudo começa com a marcação do Mapa da Polaridade^{TM} no chão, normalmente com fita crepe, e a designação de polos, vantagens e desvantagens. Comece pelo quadrante mais confortável, depois o grupo deve "caminhar" pelo mapa em conjunto, seguindo o formato do símbolo do infinito, e conversar sobre cada quadrante. O processo quase sempre garante *insights* valiosos e inesperados.

Utilizando subgrupos para completar um Mapa

Para usar o mapa dessa maneira, reúna os participantes em uma sala e crie quatro subgrupos. Distribua um quadrante para cada subgrupo, de modo que cada um represente um dos quatro quadrantes. Peça que cada subgrupo realize um *brainstorming* sobre o conteúdo do seu respectivo quadrante e depois apresente os resultados para o grande grupo. Durante cada apresentação, todo o grupo deve se posicionar dentro do quadrante descrito. Uma pessoa pode ser designada para preencher os quadrantes no Mapa da Polaridade^{TM} no quadro branco ou em um computador enquanto cada grupo lista o conteúdo. Essa é uma maneira rápida, eficaz e envolvente de completar o mapa e reunir o grupo em torno dos *insights* conquistados (observação: a Figura D-4 contém um Mapa da Polaridade^{TM} em branco para uso futuro).

Um agradecimento especial ao Dr. Barry Johnson e a Polarity Management Associates, que inovaram estes usos específicos do Mapa da Polaridade^{TM}.

Apêndice D **217**

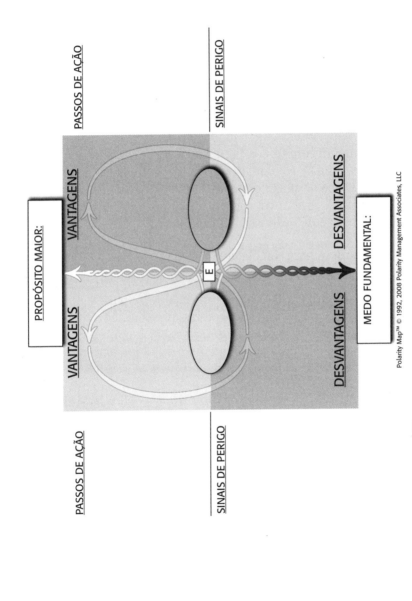

Figura D-4 Mapa da Polaridade™ em branco.

Notas

Prefácio

1. Daniel H. Pink, *Drive* (New York: Riverhead Books, 2009), pp. 28-9.

Introdução

1. Niels Bohr, A frase é citada em: L. I. Ponomarev, *The Quantum Dice* (London: IOP Publishing, 1993), p. 75.
2. John L. Ward, *Keeping the Family Business Healthy* (Georgia: Family Enterprise Publishers, 1997), pp. 1-3.
3. Richard Foster and Sarah Kaplan, *Creative Destruction* (New York: Doubleday, 2001), p. 8.
4. John L. Ward (ed.), *Unconventional Wisdom* (West Sussex: John Wiley, 2006), p. xix.
5. John L. Ward (ed.), *Unconventional Wisdom* (West Sussex: John Wiley, 2006), p. xix.
6. Dominic Dodd and Ken Favaro, *The Three Tensions* (USA: Jossey-Bass, 2007), p. 68.
7. Peter F. Drucker, *The Practice of Management* (New York: Harper & Row, 1954), p. 342.
8. Barry Johnson, *Polarity Management: Identifying and Managing Unsolvable Problems* (Amherst, Mass.: HRD Press, 1996), and Polarity Management Associates, www.politymanagement.com.
9. Greg Page, 'The business of paradox', *Cargill News,* vol. 70, no. 4 (Jan-Feb 2006), p. 4.
10. Eric Fromm, *Man for Himself: An Inquiry Into the Psychology of Ethics* (USA: First Owl, 1990), p. 45.

11. Pierre Wack, "Scenarios: uncharted waters ahead," *Harvard Business Review* (September–October 1985), p. 72.
12. Greg Page, 'The business of paradox', *Cargill News*, vol. 70, no. 4 (Jan–Feb 2006), p. 5.
13. Robert L. Heilbroner, *The Worldly Philosophers*, 6th edn (New York: Touchstone, 1991), p. 142.
14. Hirotaka Takeuchi, Emi Osono, and Norihiko Shimizu, "The contradictions that drive Toyota's success," *Harvard Business Review* (June 2008), p. 98. (Informações e gráficos derivados deste artigo.)
15. No começo de 2010, a Toyota enfrentou uma série de problemas com linhas de produtos famosas, incluindo alguns *recalls* em larga escala. Mais ou menos na mesma época, Akio Toyoda, bisneto do fundador da empresa, tornou-se o novo presidente da Toyota e o primeiro advindo da família Toyoda em mais de dez anos. Toyoda imediatamente observou que talvez a empresa houvesse "dado um passo maior que a perna" para tentar assumir o posto de maior montadora do mundo que era da GM, o que deve ter contribuído para os problemas de qualidade. Enquanto o presidente Toyoda trabalha para renovar a ênfase da empresa em qualidade e satisfação do cliente, ele precisará reforçar um ambiente que acolhe as contradições, tais como aquela entre tradição e mudança, um tema importante deste livro (John L. Ward, "Putting family back into Toyota strategy," *Family Business Advisor*, vol. 18, issue 9 (September 2009), p. 7).

Parte I

1. Charles Handy, *The Age of Paradox* (Boston, Mass.: Harvard Business School Press, 1994), pp. 11–12.

Capítulo 1

1. Richard Farson, *Management of the Absurd* (New York: Touchstone, 1997), pp. 23–4.
2. John L. Ward and Colleen Lief, *IMD-3-1495 Prudence and audacity: The house of Beretta*, International Institute for Management Development, v. 21.02.2005, 2005. (Todos os detalhes e imagens sobre a Beretta foram retirados deste caso.)

Capítulo 2

1. Axel Johnson, *AB Annual Report*, 2009, contracapa.
2. Adi Godrej, 'India: Change is constant', *Campden FB*, no. 42 (April 2009), p. 27.
3. John L. Ward (ed.), *Unconventional Wisdom* (West Sussex: John Wiley, 2006).

4. T. K. Das, *The Subjective Side of Strategy Making: Future Orientations and Perceptions of Executives* (New York: Praeger, 1986).
5. A. Gonzalez and P. G. Zimbardo, "Time in perspective: A *Psychology Today* survey report," *Psychology Today*, 19, (1985), pp. 21-6.
6. Citado de: Bernard S. Raskas (ed.), *Living Thoughts: Inspiration, Insight, and Wisdom from Sources Throughout...* (University of California: Hartmore House, 1976), p. 111.

Parte II

1. John L. Ward, *Perpetuating The Family Business: 50 Lessons Learned from Long Lasting, Successful Families in Business* (Basingstoke: Palgrave Macmillan, 2004), pp. 8-9.

Capítulo 3

1. Adam Bellow, *In Praise of Nepotism: A Natural History* (USA: Doubleday, 2003), p. 467.
2. David McCullough, *John Adams* (New York: Simon & Schuster, 2001), pp. 236-7.
3. Crawford Hill, "Bancroft cousin's letter: paying the price for our passivity," *Wall Street Journal, online* edition, July 27, 2007.
4. John L. Ward, "The ultimate vision for continuity?" *Families in Business*, Sep./Oct. 2003, pp. 78-9.

Capítulo 4

1. Mary Parker Follett, *Dynamic Administration: The Collected Papers of Mary Parker Follett,* ed. Elliot M. Fox and L. Urwick (London: Pitman, 1973), pp. 30-1.
2. J. Davis and R. Tagiuri, "The influence of life stages on father–son work relationships in family companies" (manuscrito não publicado, Graduate School of Business Administration, University of Southern California, 1982).
3. Estudo do Bank of Korea (referência: Han-Kook News Paper), copyright 2009 Japan-i.jp.

Parte III

1. Santa Teresa de Ávila (nascida em 28 de março de 1515), uma mística e freira carmelita espanhola, foi uma escritora famosa da Contrarreforma. Ela foi uma reformadora da Ordem do Carmo e é considerada, junto com João da Cruz, uma das fundadoras da Ordem dos Carmelitas Descalços. Em 1970, Santa Teresa recebeu o título de Doutora da Igreja.

Capítulo 5

1. Oliver Wendell Holmes, sem fonte.
2. James O'Toole, *The Exectutives's Compass: Business and the Good Society* (New York: Oxford University Press, 1995), p 5.

Capítulo 6

1. Dr. Barry Johnson, "Polarity management: one tool for managing complexity and ambiguity," Polarity Management Associates, 2001, p. 8.
2. Principais fontes do capítulo: Barry Johnson, *Polarity Management: Identifying and Managing Unsolvable Problems* (Amherst, Mass.: Human Resource Development Press, 1996); Roy. M. Oswald and Barry Johnson, *Managing Polarities in Congregations: Eight Keys for Thriving Faith Communities* (Herndon, Va.: Alban Institute, 2010); e Polarity Management Associates, www.polarity management.com.

Parte IV

1. PriceWaterhouse Change Integration Team, *The Paradox Principles* (Chicago, Ill.: Irwin, 1996), pp. 18–19.

Capítulo 7

1. Robert Bolton, sem fonte.

Apêndice A

1. Benjamin Schuman-Stoler pesquisou boa parte do material e redigiu este Apêndice. Os autores agradecem seu apoio.
2. Alexandre Kojeve, *Introduction to the Reading of Hegel: Lectures on the Phenomenology of Spirit,* trans. James H. Nichols, Jr., (Ithaca, N.Y.: Cornell University Press, 1980), pp. vii–74.
3. Immanuel Kant, "Critique of aesthetical judgment," in *Philosophies of Art and Beauty: Selected Readings in Aesthetics from Plato to Heidegger*, ed. Albert Hofstadter and Richard Kuhns (Chicago, Ill.: University of Chicago Press, 1964), pp. 279–96.
4. Immanuel Kant, *To Perpetual Peace: A Philosophical Sketch,* trans. Ted Humphrey (Indianapolis: Hackett, 2003), pp. vii–37.
5. Glen Jeansonne, *A Time of Paradox; America Since 1890* (Lanham, Md.: Rowman & Littlefield, 2006), pp. xix–xxxiii, 515–20.
6. Sandro Petruccioli, *Atoms, Metaphors, and Paradoxes; Niels Bohr and the Construction of a New Physics* (Cambridge: Cambridge University Press, 1993), pp. 1–35.

7. Frederick Turner, *Shakespeare's Twenty-first Century Economics – The Morality of Love and Money* (New York: Oxford University Press, 1999).
8. Todas as citações do Dalai Lama foram retiradas de: *The Power of Compassion; A Collection of Lectures by His Holiness the XIV Dalai Lama*, trans. Geshe Thupten Jinpa (New Delhi, India: HarperCollins India, 1995), pp. 1–118.
9. Mantak Chia and Tao Huang, *The Secret Teachings of the Tao Te Ching* (Rochester, Vt: Destiny, 2005), pp. 1–25, 201–35.

Apêndice B

1. Jag Sheth, Raj Sisodia, and David B. Wolfe, *Firms of Endearment* (New Jersey: Wharton School Publishing, 2007), pp. 236, 242, 243, 245, and 250.
2. Bala Chakravarthy and Peter Lorange, *Profit or Growth?* (New Jersey: Wharton School Publishing, 2008), pp. 13, 161, 162, 164.
3. Dominic Dodd and Ken Favaro, *The Three Tensions* (USA: Jossey-Bass, 2007), xii, xv, 199.
4. Jim Collins, *Good to Great* (New York: HarperCollins, 2001), pp. 20, 22, 13, 142, 152.
5. Jim Collins and Jerry I. Porras, *Built to Last* (New York: HarperCollins, 1994), XIV, XV, 1, 2, 44, 45, 85, 86.
6. Jim Collins, *How the Mighty Fall* (New York: HarperCollins, 2009), p. 36.
7. Stephen Covey, *The Seven Habits of Highly Effective People* (New York: Simon & Schuster, 1989), pp. 263, 271, 274, 279–80, 283.
8. Thomas J. Peters and Robert H. Waterman, Jr., *In Search of Excellence* (New York: HarperCollins, 2004/1982), p. 4 Authors' Note: Excellence 2003, 318, 319, 321, 322, and 323.

Apêndice C

1. Family First/Business First Assessment, John L. Ward, Family Business Consulting Group, 1999.

Apêndice D

1. Fontes: Barry Johnson, *Polarity Management: Identifying and Managing Unsolvable Problems* (Amherst, Mass: Human Resource Development Press, 1992); Roy. M. Oswald and Barry Johnson, *Managing Polarities in Congregations: Eight Keys for Thriving Faith Communities* (Herndon, Va.: Alban Institute, 2010); e Polarity Management Associates, www.polarity management.com.

Índice

A

abordagens socialistas *e* capitalistas, conflito entre, 44–45, 94
aceitação, conflitos de, 44–45
aceleradores de tecnologia, 193–194
Adams, John, 71
algorítmica, solução de problemas, viii–ix, 25–27, 115–117, 158
Amazon, 186–187
ambiguidade, atitudes em relação à, 21, 24–28
ambos, conceito de, vii–viii, 41–44, 49, 66, 82, 90–91
   Ambos/*E*, abordagem, 96, 116–125, 131, 136–137, 186–187, 194–195, 210–211
análise do campo de forças, 198
arte, avaliação da, 175
ativos diagonais, 190–191
autopeças, exemplo das, 134–147
Avaliação Família em Primeiro Lugar/ Empresa em Primeiro Lugar, 35–37, 52–53, 119–120, 202–208
Axel Johnson, Inc., 54

B

bancos, exemplo dos, 42–43
Bancroft, família, 71
Bank of Korea, 97–98
Bellow, Adam, 71
benchmarking, 130
benefício para o cliente, 190–191
Beretta, 50–52, 60–66, 167
Bohr, Niels, 19, 178
Bolton, Robert, 157
brainstorming, 215
Budismo, 180–182

C

capital, necessidade da empresa por, 19
   ver também paradoxo colher e investir
Cargill, 22–28, 167, 193–194
   Cargill News, 23–28
carreira
   coach, 123–125
   dentro da empresa familiar, 41–42
   fora da empresa familiar, 41–42, 123
   planejamento, 49, 99–100, 143, 147–148
   ver também emprego
cérebro humano, 182
Chakravarthy, Bala, 186–190
Chia, Mantak, 183
ciclo corporativo, 190–191
círculos virtuosos *e* viciosos, 143–144, 147–148, 150–151
colaboração entre primos, 72–73
Collins, Jim, 186, 189–197
Como as Gigantes Caem, 186, 196–197

compartilhamento de informações entre familiares, 87
compensação
  altos níveis de, 186-188
  de familiares, 88, 98-100
comunicação
  cultura de, 86, 166-167
  dificuldades de, 75, 87-88
  habilidades de, 164-165
  importância da, 183
  ver também paradoxo privacidade e transparência
confiança, cultura de, 80-82, 164-166
conflito (em empresas familiares), ix-x, 44-46
  exemplos de, 46
  fundamental entre família e empresa, 44-45
  habilidades gerenciais, 164-165
  intolerância de, 134
  Mapa da Polaridade para lidar com, 210-214
  nas famílias, 40-41, 134
  nas intersecções, 94-109, 168
  produtivo, 94
conselho administrativo, 101-103, 109
conselho familiar, 121-122, 124-125
  composição, 147-149
Copenhague, abordagem, 178-179
Costco, 186-187
Covey, Stephen R., 186, 196-198
criatividade, 19
  sistemática, 51
cultura
  crítica *versus* curiosa, 162
  da Beretta, 64-66
  empresa familiar, viii-x, 159-167
  impacto da, 158-167, 206-208
  nacional, 206-207
curiosidade, 161-162

D
Dalai Lama, 180-182
Davis, J., 95
Descartes, René, 179
dividendos/distribuição, 87, 101-103, 109, 127-128
  ver também paradoxo colher e investir
Dodd, Dominic, 22-23, 186, 190-192
Dow Jones & Company, 71
Drucker, Peter, 22-23, 94

E
Edimburgo, Príncipe Philip, Duque de, 60-61
educação
  de familiares, 146-147, 163-164
  orçamento, 163-164
  requisitos, 119-120
  ver também treinamento
Einstein, Albert, 178
emprego
  de familiares, 46-47, 98-100, 106-107, 109, 118-125
  estratégias de contratação, 159-160
empresa de construção, exemplo de, 159-160
empresa familiar
  características típicas da, 20, 56
  cultura, 159-167
  orientação à continuidade, 97-98, 157-158
  oximoro, 20
  sucessos típicos da, 20
  valores, exemplos de, 63-64
  vantagem competitiva da, 50
empresa(s)
  adaptadas para atender as necessidades familiares, 42-43, 47
  foco no negócio em primeiro lugar, 40-42, 71, 78-79, 92-93, 126, 128, 130, 139-140, 145-147

literatura, paradoxos na, 185–201
normas, crenças e valores da, 39
empresas visionárias, 193–195
Equilíbrio, abordagem do, 120–121, 126, 128, 130
equilíbrio vida-trabalho, 77, 83
Escolha, abordagem da, 119–120, 126, 128, 130
Estados Unidos, enquanto paradoxo definitivo, 177–178
estágio, 124–125, 134–147
estratégia
　com motivação interna, 65–66
　empresa orientada por preocupações familiares, 42–43
　empresa tradicional *versus* empresa familiar, 61–62
　planejamento estratégico, abordagem do, 42–43, 82
　processo de formulação, 60–62
estratégias de contratação, 159
estratégias de crescimento, 186–188
estrutura do livro, 30–31

F

fabricação de plásticos, exemplo da, 61–63
família
　ajuda para membros necessitados, 106–107
　alienada da empresa, 40–41
　constituição/termo de abertura, 106–107, 196–197
　cultura, viii–x, 159–167
　e conflitos com a gerência, 97–101, 109
　e conflitos com proprietários, 102–106, 109
　e intersecção com a família, 44–45
　intranet, 163–164
　normas, crenças e valores da, 39

ou empresa em primeiro lugar, 39–53
　papéis dos membros, diversos, 43–44, 121–122
　paradoxo família unida *versus* ramos, 89
　primeiro foco, 41–42, 92–93, 126, 128, 130
　unidade, reforçando, 104–105, 213–215
　valores e visão, 106–107
Família Empreendedora, 43–44, 89–92, 106–107, 167, 169, 195–196
familiares de esposos, 99–100, 104–105, 134–135
Farson, Richard, 39
Fase da Colaboração entre Primos, 72–73, 85–90, 213–214
Fase do Fundador, empresas na, 72–79
Fase dos Sócios-Irmãos, 72–73, 79–85
Favaro, Ken, 22–23, 186, 190–192
Feitas Para Durar, 186, 193–197
filantropia, 43–44
Fitzgerald, F. Scott, 23–24
Fletcher, Jerry, 186
Follett, Mary Parker, 94–95
Fromm, Erich, 24–25
fundos patrimoniais, uso de, 104–105
Fusão, abordagem da, 124–126, 128, 130, 146–148, 168–169

G

genograma, 85
gestão
　e conflitos com a família, 97–101, 109
　e conflitos com os proprietários, 100–103, 109
　enquanto subsistema da empresa, 94
　estilos de, 22–23, 80–81
　filosofias de, 61–62

gestão de paradoxos, 185–186
globalização, impacto da, vii–viii
Gonzalez, A., 57
Good to Great, 186, 191–194
governança corporativa
    criação do processo de, 100–101
    estrutura, exemplo da, 55
    ver também governança
Grupo Godrej, 55–56

H

habilidades para gerenciar paradoxos, 21
Handy, Charles, 35, 39
Harvard Business Review, 25–29
Hegel, G. W. H., 27–28, 173–174
heurística, solução de problemas, viii–ix, 26–27, 116–117, 131, 158
    ver também ambos
Hewlett-Packard, 193–194
Hill, Crawford, 71
Holmes, Oliver Wendell, 115–116
horizonte temporal
    de abordagens de solução de problemas, 116–118
    de empresas familiares, 20, 56–58, 162–165, 190–191
    e filosofia oriental, 180–181
    integração de contradições durante longo, 28–29
Huang, Tao, 183

I

indústria metalúrgica, exemplo da, 49–50
infinito, símbolo de, 138–141, 148, 150
Integração, abordagem da, 121–123, 125–126, 128, 130, 145–147, 161, 169
inventário de autoavaliação, 35–37, 52–53, 202–208

J

japonesas, empresas familiares, 97–98
Jeansonne, Glen, 177–178

Jet Blue, 186–187
Johnson & Johnson, 186, 193–194
Johnson, Barry, 22–23, 133–135, 186, 208–209, 215

K

Kant, Immanuel, 175–176, 179
Kennan, George F., 177
Kleisterlee, Gerard, 188–190

L

Lao Tsé, 182–183
Levi Strauss, 193–194
Lewin, Kurt, 198
liderança
    Nível 5, 191–193
    qualidades de, 25–27
    sucessão, 44–46, 58–61, 80, 86
líderes do futuro, treinamento dos, 50, 60–61
Lief, Colleen, 64–65
Limbardo, P. G., 57
Lincoln, Abraham, 192–193
Locke, John, 179
Lorange, Peter, 186–190

M

Mapa da Polaridade, 118, 121–122, 133–152, 168, 210–217
    branco, 216
    "caminhando", 215
    diretrizes passo a passo, 148, 150–151
Maquiavel, Nicolau, 177
Marx, Karl, 173
Medo Fundamental, declaração de, 143–144, 150–151
Medtronic, 189–190
Meio-Termo, abordagem do, 119–121, 126, 128, 130, 197–198
modelo dos três círculos, 95–96
morais, questões, 175–176
    qualidades positivas humanas básicas, 180–182

Mosby, David, 186
mudança
  e sucessão da liderança, 58
  e tradição *ver* paradoxo tradição e mudança
  enquanto evolução e inovação, 64–66
  visão de Hegel da, 27–28
Murdoch, Rupert, 71

N

Napoleão Bonaparte, 174
neurociência, 179
News Corporation, 71
Nível 5, liderança de, 191–193

O

O'Neil, John R., 186
O'Toole, James, 115–116
Olwyler, Kelle, 186
Os 7 Hábitos das Pessoas Altamente Eficazes, 186, 196–198
Os Segredos das Empresas Mais Queridas, 186–188

P

pagamento *ver* compensação
Page, Greg, 22–25, 27–28
paradoxo
  ação e planejamento, 76
  ambiguidade e incerteza em, 21, 24–26
  autoconfiança *e* egoísmo, 182
  autonomia *e* disciplina, 199
  ciclo de renovação da gestão de, 131
  científico, 178–179
  colher *e* investir, 87, 89, 101–102, 127, 213–215
  contínuo de gestão de, 119
  contínuo para trabalhar, 115–132
  controle *e* confiança, 75, 104–105
  crescimento *versus* liquidez/rentabilidade, 19, 22–23, 187–192
  custo *versus* qualidade, 24–25
  declarações de, 60–61
  definição, viii–ix, 22
  e contradições nas intersecções, 95–97
  e energia na tensão, 27–28
  e pontos de conflito, ix–x
  eficácia *versus* eficiência, 199–200
  em Shakespeare, 179–181
  entre gerações, 71–93
  escolha de ambos os lados, vii–viii
  evolução *e* inovação, 64–65
  externo *e* interno, 199–200
  fixo *e* flexível, 104–105
  formal *e* informal, 88
  franqueza *e* diplomacia, 169
  igualdade *e* mérito, 44–45, 85, 103–105
  inclusão *e* exclusão, 104–105
  inclusivo *e* seletivo, 121–122
  individual *e* coletivo, 48–50, 85, 169, 210–214
  liberdade *e* lealdade, 89
  mercado *e* necessidade, 99–100
  mérito *e* igualdade, 83, 102–103
  na literatura de negócios, 185–201
  na vida familiar, 22–23
  no Budismo, 180–182
  nuclear *e* oportunista, 82
  paradoxos clássicos das empresas familiares, viii–ix, 20–21, 47, 92, 168
  perspectiva histórica sobre, 27–30, 173–184
  por trás de outros paradoxos, 188–189
  posse *e* orientação, 76
  principais áreas de impacto, 93
  privacidade *e* transparência, 87–88, 208–211
  raízes *e* asas, 22, 77, 98–100
  representação *e* qualificações, 101–102
  seletivo *e* inclusivo, 98–100, 126
  Stockdale, 192–193
  todo *e* partes, 190–191

trabalho *e* diversão, 103–105, 130
tradição *e* mudança, 22, 30–31, 54–66, 169, 192–193, 195–197
universal *e* relativo, 182
versus problema solúvel, 22–25
ver também propriedades frouxo-preso, família unida *versus* ramos
partes interessadas, 144–145, 187–188
    evolução da família enquanto, 95
Passos de Ação, 140–143, 148, 150
pessoal, responsabilidade, 65–66
Peters, Thomas J., 186, 198–200
Petruccioli, Sandro, 178
planejamento de inventário, 84, 106–107
plano-execução-verificação-ação, 115–116
Platão, 23–24
Polarity Management Associates, 133, 208–209, 215
Porras, Jerry I., 186, 189–190, 193–197
preço, 59
PriceWaterhouse, 155
problema
    a não ser resolvido, 26–27
    ciclo de vida do, 25–26
    conflito, contradição, paradoxo, 96
    modos diferentes de tratar, 21
    solúvel *versus* paradoxo, 22–25
processo dialético, 27–29, 173–174
Profit or Growth, 186–190
Propósito Maior, declarações de, 143–144, 150–151
propriedade
    acordos, 106–107
    conflitos relativos a, 46, 100–106, 109
    direitos de, 103–104
    e modelos de tomada de decisão, 88
    econômica e emocional, 102–104
propriedades flexíveis e rígidas, 198–199
questões de governança, 100–103
    estruturas, 105–108
    ver também governança corporativa

R

redes sociais, 210–211
relações internacionais, realismo *e* idealismo em, 176–177
rendimentos sustentáveis, 190–191
responsabilidade, cultura de, 139–140
reuniões familiares, 103–105, 109, 129–130, 134, 164–165
    exemplos de, 86–87, 134
Revolução Francesa, 174
Royal Dutch Shell, 26–28
Royal Phillips Electronics, 188–189

S

Shakespeare, William, 179–181
Sheth, Jag, 186–188
Sinais de Perigo, 140–143, 148, 150
sinergia, 197–198
Síntese, abordagem da, 123–126, 128, 130, 146–147, 161, 169, 199
Sisodia, Raj, 186–188
Sócrates, 174
solução de problemas, vii–viii, 115–117, 191–192
    abordagens ou/ou, 116–119, 126
    cultura de, 163–164
    dificuldade com paradoxos, ix–x
    dois tipos de habilidades, viii–ix
    modos de tratar problemas diferentes, 21, 25–27, 39–41
    ver também algorítmica, solução de problemas, ambos
Stockdale, paradoxo de, 192–193
Strauss, 63–64
sucessão *ver* transição geracional, sucessão da liderança
Sun Tzu, 176

T

Taiguri, R., 95
Taoísmo, 182–183
Teresa de Ávila, Santa, 113
Three Tensions, The, 186, 190–192
Timberland, 186

Toyota, 28-30, 162-163, 186
Trader Joe's, 186-187
transição geracional, 44-46, 71-93, 167
   características geracionais, 71
   oscilação geracional, 72-74, 90-91, 168
transportadora, exemplo da, 74-92
treinamento
   em universidades corporativas, 195-196
   para familiares, 50, 86, 119-125
   ver também estágio
tributação, questões de, 99-100

V

valores
   da Beretta, 64-66
   declarações de, 106-107
   na família e outros negócios, 62-64
   revisão de, 162
Vencendo a Crise, 186, 198-200
venda de empresas, 40-41, 71
vida espiritual, 113
Voltaire, 174

W

Wall Street Journal, The, 71
Walmart, 193-194
Ward, John, 64-65, 69
Waterman, Robert H., 186, 198-200
Wegmans, 187-188
Weissman, Michael, 186
Wilson, Woodrow, 177
Wolfe, David B., 186-188

Z

Zimbardo, Philip, 186

Impressão e Acabamento: